Dios no te olvidó

Él está contigo, aun en tiempos inciertos

DR. DAVID JEREMIAH

Grupo Nelson
Desde 1798

El Señor será también baluarte para el oprimido, baluarte en tiempos de angustia. En Ti pondrán su confianza los que conocen Tu nombre, porque Tú, oh Señor, no abandonas a los que te buscan.

SALMOS 9:9–10

Contenido

NO ESTÁS SOLO

Según el proverbio árabe, «Los mares tranquilos no hacen navegantes hábiles». ¡Oh, cómo nos gustaría que no fuera así!

Como personas, nos encantan los mares tranquilos y los días soleados. Si por nosotros fuera, no habría tormentas, nubes, tristezas ni pérdidas. Desdichadamente, las cosas no suceden como queremos y, es por eso por lo que, muy a menudo, sentimos desilusión, desánimo y angustia.

Tan malo como el «clima», nuestras vidas cambian rápidamente. Podemos toparnos con circunstancias devastadoras sin previo aviso, incluso la pérdida de nuestros hogares, de nuestros seres queridos, de dinero, de posesiones, de salud, de empleo e incluso de nuestra fe y nuestra esperanza.

Los hombres y las mujeres que se describen en la Biblia entendieron esta realidad. ¡Basta con preguntarle a Job! Vivía con abundantes bendiciones: una familia maravillosa, riqueza perdurable por generaciones, además de una relación profunda y personal con el Dios todopoderoso. Pero entonces, en un abrir y cerrar de ojos, todo se derrumbó. También podrías preguntarle a Ana, que soportó años de frustración y desesperación porque su anhelo de tener un hijo no se cumplía. O pregúntale a Jeremías, «el profeta llorón», quien fue testigo de la destrucción de Jerusalén y lo invadió tanto el dolor que escribió un libro llamado Lamentaciones. O pregúntale a Pablo, que no solamente soportó la carga de su anterior persecución al pueblo de Dios, sino que también sufrió todo tipo de ataques y atentados contra su vida a lo largo de su ministerio a favor del evangelio.

También podrías preguntarle a Jesús, que incluso antes que fuera traicionado por sus discípulos y crucificado sobre una cruz romana hizo esta advertencia: «En el mundo tienen tribulación» (Juan 16:33).

No conozco los detalles de tu vida, pero cualesquiera que sean tus circunstancias, estoy seguro de que también entiendes estas realidades. Vivimos en un mundo que cambia a gran velocidad. Un acto terrorista, un desastre natural, una pandemia sanitaria, un colapso económico, un arma nuclear... todos estos son ejemplos de cualquier cantidad de crisis potenciales que pueden cambiar nuestras vidas de la noche a la mañana.

Nuestras vidas individuales son igual de frágiles. El techo que tenemos encima puede desaparecer mañana. El dinero en nuestra cuenta de ahorros puede desvanecerse. Los seres queridos en nuestro círculo familiar más cercano pueden ausentarse en el futuro próximo. La fragilidad de la vida por sí sola genera incertidumbre y miedo en algunas personas.

Quizás lo peor de todo sea la sensación de abandono en medio de toda esa incertidumbre. Una cosa es soportar las dificultades como parte de un grupo, navegar por aguas difíciles bajo la mirada experta de un capitán competente que puede atravesar cualquier tormenta y llevarte a un lugar seguro. Otra cosa muy distinta es que soportes esa tormenta totalmente solo. Sentir que nadie más ve y que a nadie más le importa.

En resumen, las circunstancias difíciles siempre serán difíciles. Pero su efecto se multiplica por diez cuando sentimos que Dios se ha olvidado de nosotros.

Por tanto, debemos analizar con seriedad estas preguntas: ¿Se olvida Dios de nosotros? ¿Nos pierde de vista? ¿Deja de interesarse por las circunstancias de nuestras vidas y por lo que nos vemos obligados a soportar?

Debemos analizar con seriedad esta pregunta: ¿Se olvida Dios de nosotros?

Respondamos esa pregunta regresando a la advertencia de Jesús en Juan 16:33: «En el mundo tienen tribulación». En mi Biblia no hay un punto después de la palabra *tribulación*. Hay punto y coma: «En el mundo tienen tribulación; pero confíen, Yo he vencido al mundo».

Debemos analizar con seriedad esta pregunta: ¿Se olvida Dios de nosotros?

¡Alabado sea Dios por ese punto y coma! Este nos comunica que todas nuestras pérdidas son temporales y que todas nuestras bendiciones son permanentes. No debemos acobardarnos por miedo al futuro ni preocuparnos por el presente. Al contrario, tenemos un Capitán celestial que ha vencido al mundo y conoce el camino para guiarnos a través de cualquier tormenta.

Debido a quien es Jesús y a lo que ha hecho, he aquí solo algunas de las promesas que podemos reclamar:

- Somos más que vencedores por medio de aquel que nos amó. (Romanos 8:37)
- Ni ninguna otra cosa creada nos podrá separar del amor de Dios que es en Cristo Jesús Señor nuestro. (Romanos 8:38-39)
- Sabemos que para los que aman a Dios, todas las cosas cooperan para bien. (Romanos 8:28)
- Los que esperan en el Señor renovarán sus fuerzas. (Isaías 40:31)
- Todo lo puedo en Cristo que me fortalece. (Filipenses 4:13)
- Tengan por sumo gozo, hermanos míos, cuando se hallen en diversas pruebas. (Santiago 1:2)
- [Dios] mismo ha dicho: «Nunca te dejaré ni te desampararé». (Hebreos 13:5)

En resumen, ¡Dios no nos ha olvidado!

Más específicamente, no se ha olvidado de ti. Él está contigo incluso durante los momentos más problemáticos y los días más difíciles. Está contigo aun ahora.

Veamos de nuevo Juan 16:33 y esas palabras de Jesús: «Estas cosas les he hablado para que en Mí tengan paz. En el mundo tienen tribulación; pero confíen, Yo he vencido al mundo». Antes de la palabra *tribulación* está *paz* y después de *tribulación* está la palabra *confíen*. Jesús mismo es la apertura y el cierre: «Estas cosas les he hablado» y «Yo he vencido». ¡Y nosotros estamos en Él!

J. I. Packer escribió lo siguiente en su libro *El conocimiento de Dios*:

> No debiéramos, por lo tanto, sorprendernos demasiado cuando nos ocurren cosas inesperadas, perturbadoras y desalentadoras. ¿Qué significan ellas? Pues simplemente que Dios —en su sabiduría— tiene la intención de hacer de nosotros algo que aún no hemos alcanzado, y que —en consecuencia— está tratando con nosotros...
>
> Como lo saben todos los santos, que la comunión con el Padre y el Hijo resulta más real y dulce —y el gozo cristiano es mayor— cuanto más pesada sea la cruz.[1]

Packer sugirió luego dos formas de lidiar con las pruebas de la vida cuando, por el momento, no podemos ver el propósito de Dios en ellas. «Primero, tomarlas como provenientes de Dios y preguntarnos cómo nos indica el evangelio de Dios que debemos reaccionar frente a ellas y en medio de ellas; segundo, buscar el rostro de Dios de forma concreta respecto a ellas. Si procedemos de esta manera, nunca nos veremos completamente a oscuras en cuanto a los propósitos que Dios tiene en relación con nuestros problemas».[2]

He escrito este libro para ayudarte a hacer esas cosas en momentos de angustia. He estructurado, de manera específica, cada uno de los capítulos siguientes para ayudarte a buscar el rostro de Dios cuando te encuentres con períodos de incertidumbre en tu vida, como ansiedad, cambio, preocupación por tu familia y tus relaciones, soledad, problemas de salud, oraciones no contestadas, sueños perdidos, etc.

En las épocas de dificultad y dolor encontramos esperanza, consuelo y aliento en nuestro Dios amoroso. Sí, hay sufrimiento en la vida, es inevitable. Pero Dios es soberano, lo cual es innegable. Él es nuestro refugio y nuestra fortaleza, una ayuda muy presente en los problemas. Pase lo que pase, recuerda que Dios no se ha olvidado de ti. No estás solo.

Aunque las aflicciones son universales, para el creyente son temporales y están rodeadas de paz y ánimo.

El apóstol Pedro, alabando a Dios por esta verdad, escribió:

¡Alabado sea Dios, Padre de nuestro Señor Jesucristo! Por su gran misericordia, nos ha hecho nacer de nuevo mediante la resurrección de Jesucristo, para que tengamos una esperanza viva [...] Esto es para ustedes motivo de gran alegría, a pesar de que hasta ahora han

Aunque las aflicciones son universales, para el creyente son temporales y están rodeadas de paz y ánimo.

tenido que sufrir diversas pruebas por un tiempo. El oro, aunque perecedero, se acrisola al fuego. Así también la fe de ustedes, que vale mucho más que el oro, al ser acrisolada por las pruebas demostrará que es digna de aprobación, gloria y honor cuando Jesucristo se revele. Ustedes lo aman a pesar de no haberlo visto; y, aunque no lo ven ahora, creen en él y se alegran con un gozo indescriptible y glorioso. (1 Pedro 1:3, 6-8)

Si te encuentras en mares tormentosos y te estremecen las inesperadas olas de la vida diaria, recuerda esto: Tienes un Capitán para tu fe y un Ancla para tu alma. Si estás sufriendo una pérdida o enfermedad y te sientes desvalido, debes saber que cuentas con un Soberano todopoderoso que ve y comprende tu dolor. Si tienes cargas que parecen demasiado pesadas de soportar, confía en la guía y el aliento de la Biblia, que es lámpara a tus pies y luz a tu camino (Salmos 119:105). Y aunque tu Biblia también advierte que padecerás tribulación y pruebas, promete paz y ánimo.

No te rindas cuando el nivel de las aguas esté alto y tu fe se sienta débil. ¡No estás solo! Dios no te ha olvidado en medio de tu angustia. Invócalo con las palabras de este himno de Edward Hopper:

Guíame, oh Salvador, por las olas de temor.
Fuerte es la tempestad; densa la oscuridad.
Mi timón es tu amor. Guíame, oh Salvador

A las olas hablarás, y su ira calmarás.
La furiosa tempestad cumplirá tu voluntad.
En los mares de furor, guíame, oh Salvador.
Los escollos de la mar me abaten al llegar;
amenazan con hundir al que quiere a ti venir.
Mas tu voz escucharé: «Calma; yo te guiaré».[3]

Uno

No se ha olvidado de ti

Se trató de un caso tipo David contra Goliat en la era digital. En un lado de la pelea estaba Google, el aparentemente todopoderoso gigante de la tecnología lleno de abogados y enormes cantidades de dinero corporativo. En el otro lado se encontraba Mario Costeja González, un ciudadano común y corriente de España.

¿Por qué peleaban estos dos combatientes? Por el derecho al olvido.

Una de las antiguas «reglas» de internet es que todo lo que se publique en línea permanecerá en línea. Para siempre. Esto se debe a que las funciones de archivo y guardado automático de los motores de búsqueda (incluido Google) dificultan, si no imposibilitan, que se eliminen partes de contenido.

Esa realidad se convirtió en una gran causa de preocupación para Mario Costeja González. En 1998, el Ministerio Español de Trabajo y Asuntos Públicos de España publicó un artículo sobre los propietarios de tierras que se vieron obligados a vender sus propiedades debido a las deudas de la seguridad social. El gobierno quería que la mayor cantidad posible de postores compitiera por tales propiedades, por lo que hizo pública la lista. El señor González fue uno de los dueños obligados a vender.

Dieciséis años después, en 2014, ese artículo aún seguía encabezando resultados de búsqueda cada vez que alguien buscaba en Google «Mario Costeja González». La antigua propiedad se había enajenado hacía mucho tiempo y las deudas del señor González no habían sido un problema durante más de una década. Pero la cláusula seguía atormentándolo. No podía quitársela de encima. Intentó resolver el problema con Google a través de varios canales, pero ninguno funcionó.

Así que Mario recogió sus cinco piedras lisas y se preparó para una batalla legal.

¡Sorprendentemente ganó! El Tribunal de Justicia de la Corte Europea dictaminó que el señor González, y cualquier otro ciudadano de la Unión Europea, tenían derecho al olvido. Es decir, derecho a solicitar a los motores de búsqueda que eliminaran los datos personales que parecieran ser inadecuados o inexactos, el contenido que ya no fuera relevante o que se considerara excesivo debido al tiempo transcurrido. Por supuesto, desde esa sentencia judicial ha habido varios niveles de apelación y las consecuencias prácticas han tardado años en desarrollarse. Aun así, el fallo resultó ser un importante momento decisivo en la historia de internet.[1]

Hay una ironía en esa realidad. Lo único que el señor González quería era la eliminación de un artículo de treinta y seis palabras con el fin de superar los problemas del pasado. Sin embargo, al demandar para que eso ocurriera, consolidó su propio legado en relación con esa pelea.

En otras palabras, debido a su deseo de ser olvidado, ¡Mario Costeja González será recordado durante décadas o incluso siglos!

Es poco probable que tú o yo enfrentemos a un gigante de la tecnología por el derecho al olvido. Es más, es poco probable que tú o yo *deseemos* ser olvidados.

Al contrario, la mayoría de nosotros queremos que nos recuerden. Ansiamos que nuestra familia y nuestros amigos nos recuerden. Anhelamos ser recordados por nuestros éxitos y nuestro carácter. Deseamos que nos recuerden por nuestros logros en esta vida pero, sobre todo, queremos ser conocidos y aceptados por Dios. Nuestras almas anhelan tener una relación profunda con el Creador del universo, el Dios todopoderoso.

Las buenas nuevas del evangelio son estas: por medio de la muerte y resurrección de Jesucristo tenemos acceso a la vida eterna como un regalo recibido a través de la fe. Debido a la Palabra de Dios podemos descansar en el conocimiento de que Dios no solo nos recuerda, sino que también nos ama y desea tener una relación con nosotros. Su mayor deseo es que vivamos para siempre con él en el cielo.

Dadas esas verdades, ¿por qué a veces sentimos que Dios no se encuentra por ninguna parte? ¿Por qué luchamos con dudas en cuanto

Nuestras almas anhelan tener una
relación profunda con el Creador
del universo, el Dios todopoderoso.

a su cuidado? ¿Y por qué nos es tan fácil cuestionar si escucha o no nuestros clamores por ayuda?

A lo largo de las páginas de este libro trataremos esas preguntas. Y lo haremos enfocándonos principalmente en las vidas de diferentes individuos en la Palabra de Dios, comenzando con el rey David.

LA ANGUSTIA DE DAVID

Como uno de los personajes más famosos en la historia, el relato de David se ha contado y narrado durante siglos. Siendo un jovencito, el séptimo de siete hijos, fue seleccionado por Dios y designado por el profeta Samuel para servir como el próximo rey de Israel porque el monarca reinante, Saúl, se había rebelado contra Dios. Después de ser ungido, David alcanzó fama nacional cuando se ofreció como voluntario para pelear contra un gigante llamado Goliat y triunfar en el nombre de Dios. Más tarde se convirtió en un líder militar para el ejército de Israel y finalmente sucedió a Saúl como rey de Israel.

Sin embargo, hay algunos detalles dentro de la narración de David que a menudo se pasan por alto (los quince o veinte años entre la derrota de Goliat a manos de David y su ascensión al trono) y muchos de esos años fueron turbulentos y difíciles para David.

Después de la victoria de David sobre el gigante, no es de extrañar que el pueblo lo amara. Incluso entonaban canciones sobre él: «Saúl ha matado a sus miles, y David a sus diez miles» (1 Samuel 18:7). Como puedes imaginar, esa clase de notoriedad no le cayó bien a alguien tan narcisista y paranoico como Saúl. En este estado de aprensión, Saúl sintió celos de David y decidió asesinarlo. Finalmente, David fue obligado a huir de Jerusalén después que Saúl intentara matarlo en varias ocasiones.

Eso estuvo mal, pero las cosas empeoraron. Después de disfrutar los lujos del palacio de Saúl, David pasó años como fugitivo, refugiándose en cuevas y pasando innumerables noches bajo cielo abierto. Vivió bajo la constante amenaza de Saúl y sus soldados.

Esos años también estuvieron llenos de conflictos relacionales. Increíblemente, el amigo más fiel de David era Jonatán el hijo de Saúl, el príncipe y futuro rey bajo la línea de sucesión hereditaria. Jonatán reconoció la unción de David como el futuro rey, aunque Saúl nunca permitiría eso. Además de su lucha particular, David estaba casado con la hija de Saúl. ¿Te imaginas un escenario personal más complicado que ese?

Dedica un momento a considerar lo que David debió haber experimentado durante ese tiempo de exilio, cuando reflexionaba en su vida pasada, la que empezó muy positivamente. De joven fue ungido como parte de la realeza, demostrando lealtad y valor al pelear en el nombre de Dios contra los enemigos de Israel. David era amado por toda una nación. Pero entonces todo cambió. Fue obligado a abandonar a su familia y huir, dejando atrás a su amigo más cercano o, de lo contrario, se arriesgaría a ser asesinado por el padre de ese amigo.

En lugar de una vida en el palacio, David vagó por el desierto durante años para eludir a un rey asesino.

¿Te sorprendería saber que David sintió que Dios se había olvidado de él? Esto es verdad. En el dolor de ese instante, David clamó al Señor cuando escribió lo que hoy conocemos como Salmos 13:

> ¿Hasta cuándo, oh Señor? ¿Me olvidarás para siempre? ¿Hasta cuándo esconderás de mí Tu rostro? ¿Hasta cuándo he de tomar consejo en mi alma, teniendo pesar en mi corazón todo el día? ¿Hasta cuándo mi enemigo se enaltecerá sobre mí? Considera y respóndeme, oh Señor, Dios mío; ilumina mis ojos, no sea que duerma el sueño de la muerte; no sea que mi enemigo diga: «Lo he vencido»; y mis adversarios se regocijen cuando yo sea sacudido. Pero yo en Tu misericordia he confiado; mi corazón se regocijará en Tu salvación. Cantaré al Señor, porque me ha llenado de bienes. (vv. 1-6)

Comprendo lo que David estaba expresando en este salmo y espero que tú también lo entiendas. ¿No has hecho las mismas preguntas? *¿Hasta cuándo, Dios? ¿Me olvidarás para siempre? ¿Por qué te escondes de mí? ¿No te interesa?*

¿No has hecho esas mismas declaraciones? *Dios mío, acuérdate de mí. ¡Óyeme, Dios! ¡Muéstrame algo!*

Sin embargo, incluso en medio de su angustia, David nos mostró el antídoto para esos momentos en que se siente como si Dios estuviera muy lejos, incluso cuando parece que el Señor nos hubiera olvidado por completo.

LA ESPERANZA ES EL ANTÍDOTO PARA TU ANGUSTIA

En medio de su dolor, David buscó consuelo, y lo que encontró fue la verdad de lo que Dios es y qué ha hecho. David escribió: «Yo confío en tu gran amor; mi corazón se alegra en tu salvación. Canto salmos al Señor. ¡El Señor ha sido bueno conmigo!» (Salmos 13:5-6).

David se centró en el carácter de Dios, que incluye su misericordia, su bondad y su soberanía. Y recordó las acciones de Dios en el pasado: que lo había salvado, lo había bendecido y había sido generoso con él.

Como David conocía y confiaba en Dios y en su naturaleza, encontró esperanza en medio de su desesperación. Tú puedes encontrar la misma confianza, aunque sientas que Dios te ha abandonado o se ha olvidado de ti.

La verdad es que cada generación, desde Adán, ha enfrentado calamidades. En todas sus épocas, la Biblia registra una prolongada historia de guerras, plagas, hambrunas, corrupción, depravación, sufrimiento, conflictos y maldades. Sin embargo, Dios tiene el control. Él reina, gobierna y domina. Él tiene un plan; y cuando hablamos con Dios nos sentimos animados por la irresistible corriente de la esperanza bíblica.

El escritor de Salmos 42 se apoyó en eso cuando escribió: «¿Por qué te desesperas, alma mía, y *por qué* te turbas dentro de mí? Espera en Dios, pues he de alabarlo otra vez *por* la salvación de Su presencia» (v. 5).

El doctor Martyn Lloyd-Jones declaró al comentar sobre eso:

Lo primero que debemos captar es lo que asimiló el salmista: debemos aprender a controlarnos nosotros mismos. El salmista no se contentó con postrarse y compadecerse de sí mismo, sino que hizo algo al respecto: se encargó de sí mismo [...] habló consigo mismo...

Sostengo que debemos hablar con nosotros mismos, antes que permitir que «nuestro yo» nos hable a nosotros. ¿Te has dado cuenta de que la mayor parte de tu infelicidad en la vida se debe a que te estás escuchando a ti mismo en lugar de hablar contigo mismo?[2]

El buen doctor Lloyd-Jones tiene razón. Debemos expresarnos la verdad y necesitamos animarnos en el Señor. Debemos aprender a buscar y promulgar las promesas de Dios en cuanto a nuestras necesidades actuales y nuestros temores futuros. Debemos pedirle al Espíritu Santo que haga que esos versículos se vuelvan tan reales en nuestras mentes que eleven nuestros espíritus como globos gigantes de helio espiritual.

- El salmista manifestó: «Yo esperaré continuamente, y aún te alabaré más y más» (Salmos 71:14).

Dios tiene el control. Él
reina, gobierna y domina.

- Proverbios 10:28 enseña: «La expectación de los impíos perecerá».
- Jeremías declaró: «Bendito es el hombre que confía en el Señor, cuya confianza es el Señor. Será como el árbol plantado junto al agua, que extiende sus raíces junto a la corriente» (Jeremías 17:7-8).
- Lamentaciones 3:21-26 expresa: «Esto traigo a mi corazón, por esto tengo esperanza: Que las misericordias del Señor jamás terminan, pues nunca fallan Sus bondades; son nuevas cada mañana; ¡grande es Tu fidelidad! "El Señor es mi porción", dice mi alma, «por tanto en Él espero». Bueno es el Señor para los que en Él esperan [...] Bueno es esperar en silencio».
- Romanos 5:5 dice: «La esperanza no desilusiona».
- El apóstol Pablo escribió: «El Dios de la esperanza los llene de todo gozo y paz en el creer, para que abunden en esperanza por el poder del Espíritu Santo» (Romanos 15:13).

La Biblia está llena de versículos esperanzadores, cada uno de los cuales es especial porque Dios sabe que a veces nos sentimos desesperanzados. Pedro dijo que hemos nacido «de nuevo a una esperanza viva» (1 Pedro 1:3). Romanos 12:12 declara que debemos gozarnos «en la esperanza».

Según Isaías 40, quienes esperan en el Señor «renovarán sus fuerzas» y «se remontarán *con* alas como las águilas» (v. 31). En un mundo en que nos acosan cargas grandes y pequeñas, contamos con las fuertes ráfagas de esperanza que atrapan nuestras alas y nos elevan hacia el cielo como pueblo esperanzado y gozoso de Dios.

Cuando parezca que Dios se ha olvidado de ti, vuélvete hacia el único antídoto que curará lo que te aflige: la esperanza.

LA ESPERANZA ES EL ANCLA
PARA TU ALMA

Hay buenas y malas noticias acerca de la disponibilidad de la esperanza. La buena noticia es que la esperanza que tenemos en Dios es gratis para todo el mundo y está disponible en cantidades ilimitadas. La mala noticia es que nuestra confianza en esa esperanza segura surge más fácilmente cuando nuestra vida marcha sin ningún problema. La esperanza es mucho más difícil de mantener cuando experimentamos alguna prueba emocional, lo cual hace que a veces nos preguntemos si Dios se ha olvidado de nosotros.

Es obvio que, dejar que la sensación de nuestra esperanza la determinen las circunstancias, no es una manera sensata de vivir. Por eso el Nuevo Testamento declara que la verdadera esperanza se basa en algo inamovible: la naturaleza inmutable de Dios y la realidad inalterable de sus promesas. El autor de Hebreos estaba centrado en esos elementos cuando escribió: «Tenemos como ancla del alma, una *esperanza* segura y firme» (Hebreos 6:19).

¡La esperanza puede impedir
realmente que el alma se perturbe!

Me encanta esa imagen: la esperanza como el ancla del alma. ¡La esperanza puede impedir realmente que el alma se perturbe!

Piensa en los gigantescos portaaviones de la clase Nimitz de la Marina de los Estados Unidos. Llevan dos anclas que pesan treinta toneladas cada una y están sujetas por cadenas cuyos eslabones pesan 160 kilos cada uno.[3] Por tanto, cuando un portaaviones está anclado en alta mar tiene sesenta toneladas de peso (incluso más contando el peso de las cadenas) resguardándolo del movimiento de la marea, el viento y las olas.

Esa es una imagen extraordinaria del papel que la esperanza juega en el corazón humano. A pesar de los vientos y las olas de las circunstancias que vienen contra nosotros, podemos permanecer impasibles. Podemos estar contentos; podemos vivir con la esperanza de que las promesas de Dios no cambian.

Nuestra nación, Estados Unidos, tiene un ancla: los documentos fundacionales de nuestra Constitución y nuestra Declaración de Derechos, los cuales se inspiraron en la Declaración de Independencia. Tales documentos contienen los valores y principios fundamentales a los que Estados Unidos se torna siempre que enfrenta crisis, y ha habido muchas de ellas en nuestra historia.

¿Y qué del ancla para el individuo? Nuestro documento fundacional es la Biblia, que contiene el relato de la naturaleza y los propósitos inmutables de Dios para la humanidad. Específicamente, la Biblia contiene «preciosas y maravillosas promesas» del Señor (2 Pedro 1:4), de las que el escritor de Hebreos habló. Las promesas de Dios están allí para mantenernos firmemente cimentados mientras las circunstancias de la vida suban y bajen alrededor de nosotros. Las circunstancias fluctuarán en nuestras vidas como olas sobre la playa, pero toda nuestra esperanza está anclada en Dios... se trata de una esperanza basada no en nuestras emociones sino en la Biblia.

El antiguo refrán dice: «Si no puedes enfrentar un problema, simplemente dale la espalda». El inconveniente con esa filosofía es que los problemas se repiten. Aunque nos desentendamos por un tiempo de uno de ellos, otra preocupación o prueba surgirá en el futuro. Y siempre ha sido de esta manera.

Esa es la vida. Lo único que se necesita es una enfermedad, un virus microscópico, un incidente internacional, un desastre natural o un cambio en las agendas políticas para liberar una cascada de efectos que, como chispas, provocan más problemas dondequiera que caigan.

David sabía que eso era cierto. Tenía suficientes problemas para incendiar todo un bosque. Sin embargo, también tenía una fe inquebrantable en que Dios estaba con él, en que Dios no lo había olvidado ni lo olvidaría. En eso David tenía razón. Aunque el tiempo que pasó en el desierto fue largo y lleno de pruebas, finalmente llegó a su fin. David fue ungido como rey en Jerusalén y gobernó con pasión e integridad durante décadas.

No, David no era perfecto. Sin duda cometió una gran cantidad de errores. Pero nunca quitó la mirada del carácter de Dios, razón por la cual se le conoce hasta hoy como un hombre conforme al corazón de Dios.

Tú y yo podemos aprender mucho de David y de su confianza en el cuidado amoroso de Dios. Si confiamos en el modo en que David confió, expresaremos junto con él: «Cantaré al Señor, porque me ha llenado de bienes» (Salmos 13:6).

Dos

NO SE HA OLVIDADO DE TI AUNQUE LA VIDA PAREZCA INCIERTA

Hetty, de once años, dormía profundamente en su cama cuando algo que caía sobre su cobija la despertó a las 11:30 de la noche. Eran pedazos de cielo raso y del techo en lo alto, ¡y ardían en llamas! Así que saltó de la cama y corrió a buscar a su padre, Samuel.

Sin que Hetty lo supiera, a su padre ya lo había despertado una conmoción fuera de la casa, en que alguien gritaba: «¡Incendio!». Sin darse cuenta de que era su propia vivienda la que se quemaba, Samuel se había levantado para investigar. Al abrir la puerta de la alcoba se enfrentó a las llamas en el pasillo.

La casa era una estructura de madera, por lo que las llamas la consumían rápidamente. El techo se derrumbaba sobre las habitaciones del segundo piso mientras Samuel y su esposa Susanna intentaban frenéticamente reunir a sus ocho hijos y escapar. (Otro niño, Samuel hijo, se hallaba lejos en la universidad).

Susanna se hallaba embarazada y había estado durmiendo en una alcoba diferente a la de su esposo debido a que se sentía un poco indispuesta. Ella escapó por las escaleras con sus dos hijas mayores. Una criada que vivía en la casa rompió una ventana del piso superior y escapó con Hetty y otra hermanita. Otra criada salió corriendo al cuarto de los bebés para salvar a Charles, de un año y a Jacky de cinco. Tomó a Charles en brazos y le pidió a Jacky que la siguiera, dirigiéndose por el pasillo hacia las escaleras. Pero cuando ella llegó al jardín, el pequeño Jacky no se veía por ninguna parte. Había salido de la alcoba detrás de la niñera, pero se regresó cuando vio las llamas.

Samuel intentó varias veces llegar hasta donde el pequeño Jacky, pero no pudo penetrar las llamas. Convencidos de que habían perdido a su hijo, los miembros de la familia oraron y le clamaron a Dios que recibiera el alma del pequeño.

Sin embargo, el resultado fue mucho mejor. Jacky se había ido hasta el fondo de su habitación, acercándose a la ventana donde lo vieron los miembros de la multitud que estaba en la calle. Sin escaleras a la mano, un hombre se subió a los hombros de otro, extendió los brazos y alcanzó a sacar a Jacky por la ventana sano y salvo. La casa y todas las posesiones de la familia se perdieron totalmente. Sin embargo, algo mucho más grande se salvó: un esposo, una esposa y sus hijos.

Mientras las llamas consumían su casa, Samuel gritó a la multitud: «¡Vengan vecinos! ¡Arrodillémonos! ¡Démosle gracias a Dios! Me ha devuelto a todos mis ocho hijos. Que se pierda la casa, ¡soy suficientemente rico!».[1]

Samuel, aquella noche, no podía saber cuán proféticas fueron sus palabras. No solo que Dios les entregó a Samuel y a Susanna Wesley todos sus hijos a pesar de las llamas, sino que le dio a la iglesia dos de sus voces más poderosas: Charles y John «Jacky» Wesley. Ser salvado de ese incendio influyó mucho en John Wesley de cinco años. Su madre, Susanna, se referiría posteriormente a John como un «tizón rescatado del fuego», haciendo referencia a Zacarías 3:2: «¿No es este un tizón arrebatado del fuego?».[2]

Si estás familiarizado con John Wesley como un personaje histórico, sabes que su vida estuvo llena de altibajos. Su padre fue un sacerdote anglicano y su madre fue diligente en enseñar a sus hijos las verdades espirituales. John mismo se unió a la iglesia anglicana como sacerdote, navegando incluso al Nuevo Mundo, Estados Unidos, para servir como pastor de los colonos británicos en Georgia. Sin embargo, batalló con la duda y en ocasiones fue profundamente consciente de su propia hipocresía y falta de fe. Wesley se vio envuelto en la formación de una nueva denominación, la Iglesia Metodista, sin siquiera tener la intención de hacerlo. Incluso a medida que su movimiento crecía, él y sus seguidores se convirtieron en víctimas de la persecución por parte de la iglesia oficial de Inglaterra, lo cual llegó a los ataques físicos.

«¡Démosle gracias a Dios!
Me ha devuelto a todos mis ocho
hijos. Que se pierda la casa,
¡soy suficientemente rico!».

A lo largo de esas peripecias, John Wesley llevaba en su interior la sensación de que Dios lo había rescatado de la casa familiar en llamas para un propósito. Incluso durante los momentos difíciles tuvo una fuerte sensación de la presencia y la dirección definitiva de Dios en su vida.

Según hemos visto en estas páginas, y como sin duda has experimentado en tu travesía personal, la vida está repleta de incertidumbre. Eso se desarrolla en gran escala a través de guerras y luchas, desastres naturales, pobreza, pandemias, etc. Pero también se despliega en cada una de nuestras historias a través de conflictos relacionales, escasez de trabajo, enfermedad, trauma emocional y cosas por el estilo.

A pesar de esas realidades de la vida diaria, podemos experimentar la misma sensación de la presencia y el propósito de Dios que sustentó a John Wesley a través de sus muchas pruebas. Sabemos eso porque Dios ha prometido que nunca nos dejará ni nos abandonará.

JOB FUE ABATIDO POR LA TRAGEDIA

Una de las principales fuentes de incertidumbre en nuestras vidas es que no siempre pasamos por el tipo de rescate que John Wesley experimentó. A veces debemos enfrentarnos al fuego. Y, en ocasiones, resultamos quemados.

Al mirar la Palabra de Dios, nadie entendió mejor y más amargamente esa realidad que Job.

Al igual que la de David, la historia de Job es conocida incluso entre quienes no siguen a Cristo. Se trata de un personaje histórico y un arquetipo del sufrimiento humano. Pero, aunque hayas leído muchas veces la historia de Job, te animo a que la veas una vez más con un enfoque en Job no tanto como lección, sino como persona.

Era un día como cualquier otro, lo cual significa que Job se había levantado temprano para ofrecer holocaustos a Dios a favor de sus diez hijos (Job 1:5). Dirigió sus negocios como de costumbre, dando instrucciones a sus diversos servidores. Comió con su esposa. Enfrentó la vida como si todo estuviera normal, exactamente hasta que sobrevino la tragedia.

La primera oleada fue difícil: «Vino un mensajero a Job y le dijo: "Los bueyes estaban arando y las asnas paciendo junto a ellos, y los sabeos atacaron y se los llevaron. También mataron a los criados a filo de espada. Solo yo escapé para contárselo *a usted*"» (vv. 14-15).

Ahora bien, es fácil para los lectores modernos mirar estos versículos y pensar: *Job perdió algunos animales. ¿Cuál es el problema?* Pero esa no es una perspectiva exacta para el mundo antiguo. Los bueyes y los asnos eran las máquinas industriales en la época de Job. Eran necesarios para arar los campos y realizar otras labores importantes, por lo que perderlos era como si un agricultor perdiera su tractor o que a un repartidor le robaran su camión. No solo eso, sino que los asaltantes de Sabá también asesinaron a los criados de Job. Estas eran personas que él conocía y apreciaba.

Las oleadas segunda y tercera fueron igual de preocupantes: «Mientras estaba este hablando, vino otro y dijo: "Fuego de Dios cayó del cielo y quemó las ovejas y a los criados y los consumió; solo yo escapé para contárselo a *usted*". Mientras este estaba hablando, vino otro y dijo: "Los caldeos formaron tres cuadrillas, se lanzaron sobre los camellos y se los llevaron, y mataron a los criados a filo de espada. Solo yo escapé para contárselo *a usted*"» (vv. 16-17).

Una vez más, esas fueron pérdidas críticas para Job: los criados en primer lugar. Los seres humanos que veían a Job como amo y proveedor habían sido asesinados, y saber eso debió haber devastado a Job. Pero tampoco pases por alto la pérdida de las ovejas y los camellos. En el mundo antiguo los rebaños eran mucho más que mascotas o ganancias. Representaban riqueza generacional. Un rebaño sano y creciente de ovejas o ganado no solo cubriría las necesidades de Job en el presente, sino que también seguiría proveyendo para sus hijos y sus nietos en el futuro. Ahora esa provisión se había truncado. Era como si todo el plan de jubilación de Job se hubiera convertido en cenizas.

¿Puedes ver a Job como persona en ese momento? Sus amigos y sus trabajadores habían muerto. Su sustento quedó destruido. Su seguridad económica estaba en ruinas. ¿Te imaginas cómo se devanaría los sesos? O tal vez la rápida entrega de malas noticias lo dejó aturdido y simplemente se dejó caer en el suelo como una bola.

Por desgracia, la cuarta oleada fue la peor de todas: «Mientras este estaba hablando, vino otro y dijo: "Sus hijos y sus hijas estaban comiendo y bebiendo vino en la casa del hermano mayor, y entonces vino un gran viento del otro lado del desierto y azotó las cuatro esquinas de la casa, y esta cayó sobre los jóvenes y murieron; solo yo escapé para contárselo *a usted*"» (vv. 18-19).

Cualquier padre que ha perdido un hijo sabe que el dolor es inimaginable. Insoportable. Job perdió a sus diez hijos en el mismo instante. Debió haber sentido como si su propio corazón hubiera quedado aplastado debajo de aquella casa derribada.

Sí, Job entendía el dolor de la incertidumbre, de la tragedia. Sin embargo, como veremos, también entendió la mejor manera de responder en tales momentos.

EL CAOS GENERA INQUIETUDES

Si tuviera que resumir en una sola frase la respuesta humana a la tragedia, escogería una muy corta: *¿Por qué?*

Desde luego, las personas responden al caos y a la tragedia en formas diferentes. Muchas despotrican y se enfurecen. Otras caen de rodillas llenas de dolor o se aíslan. Incluso otras aparentan que el problema no existe o sostienen que no es importante.

Sin embargo, cada una de tales reacciones conducirá al final a una simple pregunta de dos palabras. *¿Por qué?*

Esas dos palabras han sido parte de nuestras vidas por más tiempo del que podemos recordar. Es una de las primeras frases que aprendemos; solo pregúntale a cualquier padre cuyo hijo esté en la fase del *¿por qué?* Es la expresión que los adolescentes usan cuando empiezan a cuestionar la autoridad y exigen una justificación para las reglas. Es una de las preguntas que hacemos durante las etapas finales de la vida en el asilo o en la enfermería. Ha sido la consulta de los filósofos, el misterio de los teólogos y la confusión de la humanidad a lo largo de la historia.

¿Por qué? también es una inquietud bíblica. Cuando leemos acerca de los héroes de las Escrituras, a menudo encontramos esta frase en sus labios:

- Moisés oró: «Oh Señor, *¿por qué* has hecho mal a este pueblo? *¿Por qué* me enviaste?» (Éxodo 5:22, cursivas añadidas).
- Josué exclamó: «¡Ah, Señor Dios! *¿Por qué* hiciste pasar a este pueblo el Jordán, para entregarnos después en manos de los amorreos y destruirnos?» (Josué 7:7, cursivas añadidas).
- David clamó: «Dios mío, Dios mío, *¿por qué* me has abandonado? *¿Por qué* estás tan lejos de mi salvación y de las palabras de mi clamor?» (Salmos 22:1, cursivas añadidas).
- Isaías cuestionó: «*¿Por qué*, oh Señor, nos haces desviar de Tus caminos?» (Isaías 63:17, cursivas añadidas).

- Jeremías se lamentó: «*¿Por qué* nos has herido sin que haya curación para nosotros?» (Jeremías 14:19, cursivas añadidas).
- Jesús gritó en la cruz, diciendo: «Dios Mío, Dios Mío, *¿por qué me has abandonado?*» (Mateo 27:46, cursivas añadidas).

El caos y la incertidumbre que Job experimentó también dieron lugar a muchas preguntas que salieron de sus labios, la mayoría de ellas dirigidas a Dios. Es más, el libro de Job está lleno de preguntas. Cada capítulo, excepto dos (el 29 y el 32), contiene por lo menos un juego de signos de interrogación, y Job preguntó un total de veintinueve veces: «¿Por qué?».

NUESTRAS PREGUNTAS TIENEN RESPUESTAS

Ahora mismo podrías estar pensando: *He oído suficiente acerca de preguntas. Sé qué es hacerlas. ¡Lo que necesito son respuestas!*

En esos momentos es fundamental que reconozcas tus propias limitaciones. Si no tienes respuestas en momentos de incertidumbre, no te empecines en tu propia inteligencia o en tus propias soluciones. No desperdicies energía quejándote ante quienes te rodean o medicando tus penas con autocompasión.

Por el contrario, recurre a aquel que puede responder cualquier pregunta, que sabe exactamente lo que experimentas y precisamente lo que necesitas. Eso fue lo que hizo Job.

Aunque tenía muchas más preguntas que respuestas, Job siguió afirmando y reafirmando su fe.

- «El Señor dio y el Señor quitó; bendito sea el nombre del Señor». (1:21)
- «¿Aceptaremos el bien de Dios, pero no aceptaremos el mal?». (2:10)
- «Aunque Él me mate, en Él esperaré». (13:15)
- «Yo sé que mi Redentor vive, y al final se levantará sobre el polvo. Y después de deshecha mi piel, aun en mi carne veré a Dios». (19:25-26)
- «Él sabe el camino que tomo; *cuando* me haya probado, saldré como el oro». (23:10)

Al inicio de la narración de Job, Dios nos muestra la *razón* por la que Job estaba siendo atacado. Satanás lo acusaba delante de Dios en los reinos celestiales y el Señor permitió que el enemigo persiguiera a Job como una prueba de la fe de este hombre. En el último capítulo se nos narran los *resultados* de las penas de Job y las bendiciones que coronaron la última mitad de sus años, las que experimentó únicamente después de su sufrimiento.

Es importante destacar que Job no tenía acceso a esa información. No entendía el *porqué* ni tenía idea de lo que iba a sucederle. Como resultado, los capítulos 3 al 41 registran a Job y sus amigos tratando de resolver las emociones y circunstancias que este hombre experimentó basándose en tal conocimiento limitado.

A pesar de su falta de información, Job dirigió constantemente sus preguntas y su energía hacia Dios. Comprendió que solo el Señor podía proporcionarle las respuestas que ansiaba recibir.

Al igual que Job, casi nunca entendemos las razones tras la incertidumbre que enfrentamos. Rara vez tenemos acceso a los *porqué*. Pero eso no debería evitar que confiemos en que Dios tiene respuestas a nuestras preguntas y que las revelará en su momento oportuno. En realidad, ¡nuestra falta de respuestas debería dirigirnos hacia nuestro Salvador!

La verdad es que nuestra fe brilla con mayor intensidad en medio de la adversidad. Sin esta hay poca necesidad de fe. Si nuestra fe no funciona en la oscuridad, no sirve de mucho en la luz. Por eso te reto a que, incluso en momentos de tragedia, confíes de forma activa y consciente en Dios, sabiendo que algún día lo comprenderás todo.

Él es la Respuesta a la incertidumbre de la vida.

Tres

No se ha olvidado de ti aunque sientas ansiedad

Como mariscal de campo titular de los Dallas Cowboys, Dak Prescott tenía mucho a su favor de cara a la temporada de 2020. Para empezar, firmó un contrato que le representaría $31,4 millones por un solo año. Además, el equipo de Prescott tenía muchas posibilidades de competir en las finales de la División Este de la NFC —Conferencia Nacional de Futbol—, y posiblemente competir en el Super Bowl.

Por eso fue una sorpresa que, antes del primer partido del año, Prescott revelara que durante el receso de temporada había recibido tratamiento contra la ansiedad y la depresión.

La causa principal de la condición de Prescott fue la muerte reciente de su hermano mayor, Jace, que se suicidó. Dak dijo sobre el momento en que recibió la noticia: «Lágrimas, lágrimas y más lágrimas. Es decir, me senté allí tratando de asimilar lo que había ocurrido, quería saber el porqué por muchísimas razones».

Otro factor que contribuyó a la depresión de Prescott fue el aislamiento que experimentó durante la pandemia de COVID-19. «Soy alguien a quien le gusta estar rodeado de personas. Me gusta inspirar. Me gusta hacer sonreír a la gente día tras día y me gusta dirigir. Cuando se te quita todo eso, simplemente porque te ves obligado a ponerte en cuarentena y a no tener gente cerca ni rodearte de personas tanto como te gustaría, bueno, es algo difícil».

Muchas personas ven la ansiedad y la depresión como un estigma, algo que se debe mantener en secreto porque te hace parecer incapaz o débil. Eso es especialmente cierto dentro de la iglesia. A los seguidores de Cristo, con frecuencia, les cuesta admitir que necesitan ayuda con la ansiedad o con otros desórdenes mentales, porque temen que tales incidentes los hagan parecer espiritualmente deficientes. Les preocupa que los demás los vean como carentes de fe o como individuos que no tienen una relación profunda con Dios.

Dadas estas realidades debemos elogiar la valentía de Prescott al hablar públicamente de sus experiencias. «No quiero sentarme aquí a cavilar en aquello con lo que batallaba, cuando sé que soy muy afortunado y bendecido, y que otras personas tienen condiciones mucho más difíciles», le dijo al entrevistador. «Pero [es importante] ser transparente con relación al problema, ya que incluso —en mi situación— las emociones y esa clase de asuntos podrían vencerte si no haces algo al respecto».[1]

«Las emociones y esa clase de asuntos podrían vencerte si no haces algo al respecto».

Prescott hizo bien al llamar la atención sobre la ansiedad y la depresión porque las cifras que rondan estos problemas son asombrosas. Algunos estudios muestran que casi veinte por ciento de los estadounidenses adultos padecen un desorden de ansiedad en un año cualquiera, lo cual equivale aproximadamente a cuarenta y un millón de personas. Ese número aumenta a casi trescientos millones de habitantes en todo el mundo.[2] Quizás lo más alarmante es que los incidentes de ansiedad entre los jóvenes han ido en aumento durante años.

Es significativo observar que si crees que la ansiedad y la depresión son fenómenos modernos que solo han comenzado a afectar a la gente en las últimas décadas, estás equivocado. Debido a lo que leemos en las páginas de la Biblia, sabemos que esas condiciones han asolado a la humanidad durante siglos.

LA ANSIEDAD EN LAS ESCRITURAS

Existen muchas creencias erradas con relación al contenido bíblico. Un concepto erróneo es que la Palabra de Dios es una colección tanto de relatos históricos como de otros escritos diseñados para comunicar doctrina. En otras palabras, muchas personas ven la Biblia principalmente como una fuente de información.

En realidad, la Biblia es la revelación que Dios hace de sí mismo. Es una fuente de inspiración, no solo de información. A través de ella, Dios muestra no solo su carácter sino quién es él y qué valora. La Biblia va mucho más allá de transmitir información: ilustra los altibajos que experimentamos en este viaje terrenal, así como el amor inagotable de Dios por nosotros.

Al libro de Salmos se le considera el centro emocional de la Palabra de Dios. En su colección de ciento cincuenta cánticos y poemas, los autores vertieron sus pensamientos y explotaron profundas minas de gozo, dolor, agradecimiento, ira, alabanza, duda, adoración, disgusto, amor, miseria, orgullo, soledad y sí, también ansiedad.

Por ejemplo, observa la súplica reveladora de David a Dios en el inicio de Salmos 69:

Sálvame, oh Dios, porque las aguas *me* han llegado hasta el alma. Me he hundido en cieno profundo, y no hay donde apoyar el pie; he llegado a lo profundo de las aguas, y la corriente me cubre. Cansado estoy de llorar; reseca está mi garganta; mis ojos desfallecen mientras espero a mi Dios. (vv. 1-3)

Puede que no haya una mejor descripción visual para la ansiedad que alguien que empieza a sentir pánico cuando las aguas le llegan al cuello y amenazan con tragarlo por completo, o que se hunde en un fango resbaladizo en el que no hay «dónde apoyar el pie».

Si lees Salmos 69 en su totalidad, verás que está cargado de emoción. David habla de su estado de «insensatez», de su «ignominia» y de su «angustia». Pasa de clamar insistentemente a Dios que lo salve, a instarlo lleno de ira a que derribe a quienes lo han reprochado y se le han opuesto.

Sin embargo, en medio de ese torrente de emoción, David todavía se aferra a la roca sólida de la naturaleza y el carácter de Dios. El hombre escribió: «Pero yo elevo a Ti mi oración, oh Señor, en tiempo propicio; oh Dios, en la grandeza de Tu misericordia, respóndeme con Tu verdad salvadora» (v. 13).

Más adelante agregó:

Respóndeme, oh Señor, pues buena es Tu misericordia; vuélvete a mí, conforme a Tu inmensa compasión, y no escondas Tu rostro de Tu siervo, porque estoy en angustia; respóndeme pronto. Acércate a mi alma y redímela; por causa de mis enemigos, rescátame. (vv. 16-18)

David entendió que la solución para la ansiedad no era tratar de resolver todos los problemas que le hacían sentirla. La solución no era arremeter contra sus enemigos con autoridad real o con la espada de un guerrero. En vez de eso, David sabía que la única forma de resolver la ansiedad en su interior era entregársela a Dios.

Salmos 80 es otro ejemplo de un escritor bíblico que experimenta las mismas emociones que el resto de nosotros. El salmista expresó allí tanto su ansiedad por la decadencia de Israel como su indignación porque Dios no estuviera actuando para salvar o restaurar a su pueblo.

«Presta oído, oh Pastor de Israel; tú que guías a José como un rebaño; tú que estás sentado *más alto* que los querubines; ¡resplandece! Delante de Efraín, de Benjamín y de Manasés, despierta Tu poder y ven a salvarnos». (vv. 1-2).

¿Recuerdas haber sentido preocupación por la decadencia de tu nación? ¿O de tu comunidad? ¿O de tu familia? ¿Recuerdas la desesperanza de esa situación o el deseo de ver que alguien, cualquiera, tomara medidas que dieran como resultado el cambio requerido? El salmista sintió lo mismo mientras observaba la decadencia espiritual y económica de Israel. Sin embargo, entendió que solamente Dios podía intervenir. ¿Por qué entonces no intervenía?

En una magnífica expresión poética, el salmista utilizó la metáfora de una vid y un viñedo para describir la condición de Israel. Describió una pequeña planta rescatada de Egipto que se había fortalecido con raíces que llenaban la tierra desde el mar hasta el río Jordán. Pero recientemente ese viñedo había comenzado a desplomarse. Los muros estaban derribados. Los viajeros que transitaban por el camino se acercaban para arrancarle los frutos. Los animales lo devoraban de un extremo al otro.

Una vez más el salmista entendió que la solución para su ansiedad no era idear sus propios planes para la restauración de Israel. La respuesta no era incitar al pueblo a actuar de manera más espiritual o a obedecer más reglas. En vez de eso, el salmista clamó porque Dios se moviera y obrara un milagro dentro de su viñedo, dentro de su pueblo especial.

David sabía que la única forma
de resolver la ansiedad en su
interior era entregársela a Dios.

«Oh Señor, Dios de los ejércitos, restáuranos; haz resplandecer Tu rostro *sobre nosotros* y seremos salvos». (v. 19)

Al leer los salmos descubrirás escritores inspirados por el Espíritu Santo que sintieron las mismas fuentes de ansiedad que experimentamos hoy: enfermedad, depravación, problemas económicos, enemigos a la puerta y más. Una y otra vez esos mismos escritores llevaron su preocupación y sus pensamientos de ansiedad delante de Dios en vez de negar tales sentimientos o de buscar consuelo en otra parte.

En consecuencia, hallaron paz.

LA ANSIEDAD EN NUESTRAS VIDAS

¿Qué causa ansiedad en nuestras vidas en la actualidad? Los instigadores de la ansiedad son demasiado numerosos para contarlos, pero un artículo reciente publicado en WebMD los redujo a catorce fuentes comunes que incluyen:

- trastornos de pánico;
- fobias;
- tensión laboral;
- estrés escolar;
- enfermedad y otras condiciones médicas;

- dificultad en nuestras relaciones personales, inclusive el matrimonio;
- presión económica;
- sucesos o conflictos mundiales impredecibles;
- trauma emocional;
- efectos colaterales de medicación o drogas ilícitas;
- y más.[3]

Al revisar esta lista a través de la perspectiva de mis experiencias como pastor, he descubierto que las finanzas, las relaciones y la enfermedad son, en la mayoría de los casos, factores que contribuyen a los crecientes niveles de ansiedad en nuestra sociedad actual.

Desde luego, a todo el mundo le preocupa su condición financiera en cierto momento. Eso se aplica a los que asisten a la iglesia y a los que no lo hacen. Es cierto tanto para jóvenes como para mayores. Se aplica para republicanos y demócratas, y cualquier otro sector demográfico en que se nos ocurra dividir a las personas en grupos. Por desgracia, adquirir más dinero —simplemente— no soluciona el problema. Así es, ¡incluso las personas acaudaladas se preocupan por el dinero!

Las relaciones siempre están presentes en nuestras vidas y, en la mayoría de los casos, son beneficiosas para nuestra existencia y nuestro bienestar. Al fin y al cabo, estamos diseñados para vivir con relaciones, tanto con otras personas como con nuestro Creador.

Sin embargo, que las relaciones sean tan fundamentales en nuestra vida puede ocasionar grandes cantidades de tensión y preocupación cuando esas relaciones se vuelven conflictivas o amargas. La simple verdad es que las personas tenemos la capacidad de herir a los demás. Por tanto, aun cuando desarrollemos la profundidad que deseamos en nuestras relaciones más cercanas, somos más susceptibles a mayores sentimientos de dolor, ira y traición si la relación falla en alguna manera.

Por último, la enfermedad es una fuente constante de ansiedad porque puede atacar en cualquier momento. Esto es especialmente cierto para aquellos de nosotros que atravesamos la segunda mitad de nuestras vidas. Por bien que nos vaya económicamente, por muy buena relación que tengamos con nuestros hijos y nietos, o por cuánto compañerismo disfrutemos en nuestra comunidad y nuestra iglesia local, las personas de hoy estamos constantemente conscientes de la sombra de una enfermedad inesperada. Y cuando caemos bajo esa sombra, eso puede hacer que la ansiedad aumente en forma inesperada.

Dinero, relaciones y enfermedad. La mala noticia es que esos tres inductores de la ansiedad son elementos críticos de la vida humana. No podemos evitarlos. Siempre estarán con nosotros.

La buena noticia es que existe una solución. Específicamente, me gustaría ofrecer una respuesta de tres puntos para lidiar con cualquier ansiedad que puedas sentir.

1. Depende totalmente de Dios

Una clave para tratar con la ansiedad es recordar que, aunque no son bienvenidas, la tensión nerviosa y la adversidad nos empujan hacia nuevos niveles de fe, enseñándonos a depender por completo de Dios. La Biblia promete que Dios suplirá las necesidades de sus hijos, así que en *todas* las circunstancias podemos confiar en su provisión (Filipenses 4:19). Jesús nos recuerda que no debemos preocuparnos por lo que comeremos o beberemos, sino que miremos las aves del cielo y los lirios del campo, porque el Dios que les provee se preocupa aún más por nosotros (Mateo 6:25-30). Y el salmista afirma el cuidado atento de Dios por nosotros con estas palabras: «Yo fui joven, y ya soy viejo, y no he visto al justo desamparado, ni a su descendencia mendigando pan» (Salmos 37:25).

¿Qué nos muestran estos versículos? ¡Que Dios es fiel en toda situación! Debemos depender de él como nuestra máxima ayuda en la tribulación; Dios conoce nuestras necesidades y se ocupa de ellas.

A veces el pánico financiero es, realmente, un vendaval que nos lleva hacia el puerto seguro de la confianza en la fidelidad de Dios. En 1871 se llevó a cabo una convención de la organización sin fines de lucro YMCA en Carlisle, Pennsylvania, con la presencia de muchos líderes empresarios cristianos. La presidió John Wanamaker, el famoso minorista conocido en la actualidad como el padre de la publicidad moderna. En el segundo día de la conferencia llegó un telegrama con una noticia terrible. El banco Jay Cooke & Company

A veces el pánico financiero es realmente un vendaval que nos lleva hacia el puerto seguro de la confianza en la fidelidad de Dios.

había quebrado, lo que daba como resultado terribles pérdidas para Wanamaker y los demás que estaban en la convención. Pronto llegaron informes de otras empresas en quiebra y de un colapso económico nacional. Un sentimiento de pánico asoló la convención, dificultando el desarrollo de los negocios o la continuación de los procedimientos.

Uno de los delegados, Erastus Johnson, se encontró con el salmo 61:2: «Desde los confines de la tierra te invoco, cuando mi corazón desmaya. Condúceme a la roca que es más alta que yo». Basándose en ese versículo, Johnson compuso una canción a la que al instante le pusieron música en dicha convención y la entonaron una y otra vez. Se convirtió en un himno favorito de la época, y sigue siendo grato para nosotros en la actualidad:

> *¡Oh! A veces las sombras son profundas,*
> *El camino a la meta parece difícil,*
> *Y los dolores, en ocasiones, cómo se extienden,*
> *Como tempestades en mi alma.*
> *Oh, déjame volar a la Roca,*
> *A la Roca que es más alta que yo.*[4]

Puedes pararte en la Roca sin un centavo en el bolsillo, sin un dólar en tu cuenta, sin esperar una respuesta. Dios proveerá en su tiempo y a su manera.

Lo mismo es cierto con nuestras relaciones y nuestra salud. Podemos confiarle todas nuestras necesidades a Dios. «El que no negó ni a Su propio Hijo, sino que lo entregó por todos nosotros, ¿cómo no nos dará también junto con Él todas las cosas?» (Romanos 8:32). Por tanto, decide depender de Dios por completo, quien estará contigo a través de cualquier adversidad que encuentres en la vida, «porque Él mismo ha dicho: "Nunca te dejaré ni te desampararé"» (Hebreos 13:5).

2. Sé rico en buenas obras

La Biblia también nos dice que estemos contentos con lo que tenemos, aunque sea poco, y que seamos ricos en buenas obras. Las palabras de 1 Timoteo 6:6-8 parecen haber sido escritas pensando en los titulares de hoy: «La piedad, en efecto, es un medio de gran ganancia cuando va acompañada de contentamiento. Porque nada hemos traído al mundo, así que nada podemos sacar de él. Y si tenemos qué comer y con qué cubrirnos, con eso estaremos contentos».

El pasaje nos advierte de los peligros de amar demasiado el dinero y añade: «A los ricos en este mundo, enséñales que no sean altaneros ni pongan su esperanza en la incertidumbre de las riquezas, sino en Dios, el cual nos da abundantemente todas las cosas para que las disfrutemos. Enséñales que hagan bien, que sean ricos en buenas obras, generosos y prontos a compartir, acumulando para sí el tesoro de un buen fundamento para el futuro, para que puedan echar mano de lo que en verdad es vida» (vv. 17-19).

Haz lo bueno. Disfruta lo que tienes. Sé rico en buenas obras.

¡Qué consejos tan útiles para la época en que vivimos! Haz lo bueno. Disfruta lo que tienes. Sé rico en buenas obras.

Una vez más, estos principios tienen una aplicación parecida con nuestras relaciones y nuestra salud. Sí, nuestras interacciones con los demás pueden convertirse en una fuente constante de ansiedad, pero eso por lo general ocurre al pensar en nosotros mismos. Muy a menudo nos estresamos cuando pensamos que los demás no suplen nuestras necesidades o nuestras expectativas. Podemos liberarnos de nuestra ansiedad si nos enfocamos en las necesidades de otras personas y somos generosos en nuestras relaciones.

Eso también se aplica a nuestra salud física y mental. Sí, habrá ocasiones en las que experimentaremos enfermedad, ¡pero también habrá temporadas de salud, fortaleza y vitalidad! Decide servir a los demás y sembrar gozo cuando puedas, y cuando te encuentres enfermo, otras personas sembrarán bendiciones en tu vida.

Job dijo que vino al mundo desnudo y que lo dejaría del mismo modo, y Pablo declaró que no trajimos nada al mundo y que no nos llevaremos nada. Pero hay una inversión que podemos hacer ahora y que durará por toda la eternidad: podemos hacer tesoros en el cielo (Mateo 6:19-21). Cuando somos ricos en buenas obras creamos una inversión que nunca perderá su valor y que pagará dividendos eternos.

3. Enfócate en la riqueza espiritual

Otro buen estudio bíblico para momentos de ansiedad se encuentra en Efesios. En los capítulos 1 al 3, el apóstol Pablo proporciona un inventario de nuestra infinita y eterna riqueza como hijos de Dios y ciudadanos de su reino. Las palabras *rico* y *riquezas* aparecen seis veces en estos capítulos, y los seis versículos son dignos de memorizar en el lado de activos de nuestra contabilidad mental.

Estos son los aspectos más destacados:

- «En Él tenemos redención mediante Su sangre, el perdón de nuestros pecados según las riquezas de Su gracia». (1:7)
- «Las riquezas de la gloria de Su herencia en los santos». (1:18)
- «Dios, que es rico en misericordia». (2:4)
- «A fin de poder mostrar en los siglos venideros las sobreabundantes riquezas de Su gracia por *Su* bondad para con nosotros en Cristo Jesús». (2:7)
- «Las inescrutables riquezas de Cristo». (3:8)
- «Le ruego que Él les conceda a ustedes, conforme a las riquezas de Su gloria, el ser fortalecidos con poder por Su Espíritu en el hombre interior». (3:16)

En Juan 14, Jesús nos ofrece seguridad de nuestro hogar futuro: está preparando una mansión para nosotros en el cielo. Y Apocalipsis

21—22 describe una ciudad de diamantes con calles doradas, muros transparentes, aguas cristalinas y un trono glorioso: nuestra herencia eterna en él porque somos herederos de Dios y coherederos con Cristo. Lo mejor de todo es que esta herencia es «incorruptible, inmaculada, y que no se marchitará, reservada en los cielos para ustedes» (1 Pedro 1:4). Esta es la riqueza que «ni la polilla ni la herrumbre destruyen, y donde ladrones no penetran ni roban» (Mateo 6:20). Podemos dormir tranquilos en la noche sabiendo que nuestra herencia eterna está segura porque conocemos y hemos aceptado a Jesús como nuestro Señor y Salvador.

¿Quién puede medir el gozo que experimentaremos en nuestro hogar celestial? Pasaremos la eternidad con las personas más queridas para nosotros en un lugar sin lágrimas, enojo, dolor, presión, traición ni cualquier otra fuente de conflicto que ocasiona tensión y lucha relacional. Así es, habrá momentos de ansiedad aquí en la tierra entre tus seres amados y tú, pero cuando te centras en el gozo inmenso que experimentaremos por toda la eternidad, tales momentos perderán importancia.

En términos físicos, podemos confiar en la promesa de Dios de que nuestro último aliento en este mundo nos llevará inmediatamente a unos pulmones fuertes llenos del aire más dulce imaginable en el mundo venidero. Es por eso por lo que se nos han prometido no solo nuevos cuerpos en el cielo, sino nuevos cuerpos glorificados que son tan eternos como nuestro Salvador resucitado: «Sabemos que si la tienda terrenal, que es nuestra morada, es destruida, tenemos de Dios un edificio, una casa no hecha por manos, eterna en los cielos» (2 Corintios 5:1).

Podemos confiar en la promesa
de Dios de que nuestro último
aliento en este mundo nos llevará
inmediatamente a unos pulmones
fuertes llenos del aire más dulce
imaginable en el mundo venidero.

He aquí la realidad que debemos enfrentar en este nuestro mundo: no podemos asegurarnos eficazmente contra las pérdidas financieras. No hay inversiones realmente seguras, y ¿quién conoce lo que nos depara el futuro? Con las naciones tambaleándose sobre montañas de deudas, ¿quién sabe cuán seria será la próxima crisis económica o cuándo una recesión podría convertirse en depresión?

Gracias a Dios, hay una realidad espiritual con la que podemos contar en momentos de necesidad. Concretamente, nada deprime a nuestro Señor y no hay una retirada masiva de fondos en el banco celestial. Dios nos asegura: «No se turbe su corazón ni tenga miedo» (Juan 14:27).

Depende de él, sé rico en buenas obras, enfoca tus pensamientos en las inversiones eternas y no te sentirás abandonado; porque cualesquiera que sean tus circunstancias actuales, tienes esta seguridad: Dios no se ha olvidado de ti. Él te cuidará.

Cuatro

No se ha olvidado de ti aunque los tiempos cambien

Se ha dicho muchas veces que a la gente no le gusta el cambio. Sin embargo, en mi experiencia, eso no es así. Muchas personas disfrutan un cambio de escenario cuando se van de vacaciones o se mudan a un nuevo lugar. Por lo general les gustan los cambios tecnológicos cuando estos las benefician. Y todo el mundo se alegra cuando las circunstancias financieras mejoran.

No es que no nos gusten los cambios. Simplemente no nos gustan los cambios que están fuera de nuestro control.

Puedo mostrarte lo que quiero decir con una simple frase: *carta de despido*. ¿No es esta una frase aterradora? ¡A nadie le gusta ese tipo de cambio!

Es curioso que no sepamos quién acuñó la frase «carta de despido», pero parece que data de principios del siglo veinte, cuando a la mayoría de los empleados aún les pagaban en dinero efectivo. El salario de cada semana venía en un sobre, por lo que aquel que era despedido esa semana encontraría una nota, por lo general un papel rosado, en el sobre junto con su último salario. La primera referencia a la frase se registró en el diccionario en inglés *Random House* a principios del siglo veinte, por lo que ha formado parte de nuestro lenguaje estadounidense durante más de cien años.

Pocas personas hoy reciben una verdadera carta de despido, pero eso no significa que no pierdan sus empleos, junto con la pérdida de seguridad, confianza y estima que llega con el aviso de despido.

Desde el año 2000, los estadounidenses hemos experimentado los efectos traumatizantes de una inestabilidad económica. El gran auge tecnológico de la década de los noventa impulsó la economía y los mercados por las nubes y generó empleos con esa expansión. Pero los mercados se derrumbaron en el 2000, millones de empleos se perdieron y volvió a comenzar la búsqueda de nuevas oportunidades. Para 2008 parecía que el auge inmobiliario y los aumentos de empleo que eso trajo no iban a terminar, hasta que vino el acabose y entramos a la mayor crisis económica desde la Gran Depresión.

Los mercados y la economía comenzaron a expandirse lentamente otra vez en 2009, lo que desencadenó el mayor mercado alcista visto en décadas. Pero a principios de 2020 se produjo la pandemia de COVID-19 que lanzó la economía a una inesperada espiral descendente. Millones de personas perdieron sus empleos. El gobierno federal imprimió y gastó trillones de dólares con el fin de proporcionar alguna clase de sustento a las empresas y los hogares en dificultades. Decenas de miles de negocios, principalmente pequeños, aunque algunos muy grandes, cerraron sus puertas para siempre. Y millones de estadounidenses buscaron nuevas formas de redefinir su papel en el mercado, investigando oportunidades que les permitieran proveer para sus familias.

¿Cómo respondemos a esta clase de alteración? Me refiero a un cambio que nos estremece y nos pone el mundo al revés. Cambio que causa miedo y frustración. Cambios en nuestras circunstancias que nos obligan a reexaminarnos y evaluar lo que podría estar ocurriendo en nuestro corazón y nuestra mente. Frente a tales retos, ¿cómo no preguntarnos si Dios se ha olvidado de nosotros?

Debemos empezar por cambiar nuestro enfoque, dejando de mirar nuestras circunstancias o a nosotros mismos, y enfocarnos en Dios.

RECORDEMOS QUE DIOS NO CAMBIA

La mejor manera de tratar con los cambios difíciles en tu vida es recordar que *Dios no cambia,* y reenfocar tu atención y energía en él. ¿Cómo sabemos que Dios no cambia? Por las Escrituras:

- Dios recordó a los israelitas por medio del profeta Malaquías que la continuidad de ellos como pueblo dependía de la estabilidad divina: «Yo, el Señor, no cambio; por eso ustedes, oh hijos de Jacob, no han sido consumidos» (Malaquías 3:6).
- El libro de Números hizo la misma afirmación por medio de preguntas retóricas: «Dios no es hombre, para que mienta, ni hijo de hombre, para que se arrepienta. ¿Lo ha dicho Él, y no lo hará? ¿Ha hablado, y no lo cumplirá?» (23:19).
- El autor de Hebreos fue más directo, y simplemente expresó: «Jesucristo *es* el mismo ayer y hoy y por los siglos» (13:8).
- Y el apóstol Santiago escribió: «Toda buena dádiva y todo don perfecto viene de lo alto, desciende del Padre de las luces, con el cual no hay cambio ni sombra de variación» (1:17).

El mensaje es claro: Dios no cambia. Sin embargo, podrías preguntarte: *¿Qué significa eso para mí? ¿Cómo me ayuda el carácter de Dios cuando mi vida está cambiando más rápidamente de lo que puedo aguantar?*

Como respuesta, piensa en una brújula. Debido a que se utilizan principalmente para actividades al aire libre, generalmente las brújulas pueden soportar mucho castigo. Por ejemplo, una de ellas se te puede caer en una quebrada o en un río e ir corriente abajo dando tumbos por kilómetros. O podría caérsete durante una excursión por la montaña y verla rebotar y rodar por la pendiente.

Sin embargo, hagas lo que hagas con esa brújula, sin importar cuánto la sacudas, la dejes caer, la arrastres, la hagas rodar o la arrojes, cuando abras la tapa y la observes, seguirá indicándote el norte. En otras palabras, las circunstancias cambiantes no afectan la característica distintiva de una brújula.

El norte sigue siento norte.

De igual manera, tus circunstancias cambiantes no afectan *el carácter de Dios*. Y por eso puedes confiar en que te guiará a través de tales circunstancias aunque todo en tu vida parezca sacudirse y agitarse.

Dios sigue siendo Dios. Él es la Roca estable a la que puedes aferrarte cuando todo lo demás es incertidumbre. Porque él no se ha olvidado de ti.

COMPRENDAMOS QUE DIOS NOS GUÍA

No solo que Dios es inmutable en su carácter, sino que nos guía activamente a través de las circunstancias de nuestra vida. Una vez más, las Escrituras revelan esa verdad:

- Proverbios 3:5-6 promete que cuando confiamos en el Señor con todo nuestro corazón y lo reconocemos en todos nuestros caminos, él nos guiará en todas nuestras sendas.

Tus circunstancias cambiantes
no afectan el carácter de Dios.

- Salmos 23 declara que nuestro Pastor nos guiará por senderos derechos.
- Isaías escribió: «Así dice el Señor [...] Yo soy el Señor tu Dios, que te enseña para *tu* beneficio, que te conduce por el camino en que debes andar» (48:17).

Tal vez el mejor recordatorio visual de la guía divina ocurre en el libro de Números. En el capítulo 9, el liderazgo de Dios entre los hijos de Israel tomó forma visible como una nube misteriosa que en la noche cobraba apariencia de fuego:

El día que fue erigido el tabernáculo, la nube cubrió el tabernáculo, la tienda del testimonio, y al atardecer estaba sobre el tabernáculo algo que parecía de fuego, hasta la mañana. Así sucedía continuamente; la nube lo cubría *de día*, y la apariencia de fuego de noche. Y cuando la nube se levantaba de sobre la tienda, enseguida los israelitas partían; y en el lugar donde la nube se detenía, allí acampaban los israelitas. (vv. 15-17)

Siempre que la nube se levantaba del tabernáculo, los israelitas partían; cada vez que se asentaba, los israelitas acampaban. Cuando la nube permanecía durante mucho tiempo por encima del tabernáculo, los israelitas obedecían la orden del Señor y no partían. En ocasiones la nube estaba sobre el tabernáculo solo unos pocos días; a veces solamente una noche; otras veces un año. Pero fuera de día o de noche, siempre que la nube se levantaba, el pueblo empacaba rápidamente sus pertenencias e iba tras ella.

Una vez más podrías objetar, pensando: *Eso fue grandioso para los israelitas, pero ¿qué tiene que ver conmigo? ¿Dónde está mi nube cuando necesito que Dios me guíe?*

Es verdad que ya no tenemos la nube visible de Dios encima de nosotros, pero sí tenemos su Espíritu invisible en nuestro interior y su infalible Palabra en nuestras manos. Tenemos su disposición providencial de nuestras circunstancias y su promesa de dirigirnos en todos nuestros caminos.

Si parecemos estancados por el momento, aunque parezca que es por un período prolongado, es mejor que nos mantengamos atascados en la voluntad de Dios antes que vagando por nuestra cuenta. A veces podemos progresar mucho cuando nos quedamos inmóviles, aunque no parezca así en ese momento.

Por esos motivos, si caminas de acuerdo con la voluntad de Dios, no te centres en el ritmo del cambio. No te sientas abrumado por la presencia del cambio. Toma un día a la vez, haz lo mejor que puedas y permite que él te dirija por su agenda divina.

El Señor conoce el camino a través del desierto.

Si parecemos estancados [...] es mejor que nos mantengamos atascados en la voluntad de Dios antes que vagando por nuestra cuenta.

REDIRIJÁMONOS HACIA EL PRÓXIMO PASO LÓGICO

Cuando encontremos momentos de cambio extremo en nuestras vidas, el primer paso es volver a enfocarnos en el carácter inmutable de Dios; él es nuestra brújula que no fallará. El segundo paso es recordar que Dios nos guía en forma activa; podemos confiar en su dirección.

Desde luego, en medio del cambio drástico simplemente es difícil detenernos y quedarnos quietos hasta que Dios nos revele todo su plan para los próximos años. Es más, él casi nunca nos revela sus planes o sus instrucciones de esa manera. Al contrario, a menudo descubre únicamente la próxima etapa en nuestro viaje sin revelar su objetivo final.

Por tanto, el último paso que debemos dar durante los períodos de cambio extremo implica redirigir nuestros pensamientos y nuestras acciones hacia lo que Dios ya ha revelado.

Los israelitas experimentaron uno de tales momentos cuando acamparon en la orilla del Mar Rojo después de su salida de Egipto. En su libro, *Las reglas del Mar Rojo,* Rob Morgan señala que en la orilla de esa masa de agua los israelitas no podían ver a la distancia. No tenían binoculares con los que pudieran divisar Canaán, ni siquiera la costa opuesta. Pero el Señor les dio un plan sencillo: «Di a los israelitas que se pongan en marcha» (*Éxodo* 14:15).[1]

Dios a menudo descubre únicamente
la próxima etapa en nuestro viaje
sin revelar su objetivo final.

El antiguo comentarista C. H. Mackintosh tenía una opinión interesante sobre este momento. Creía que el Mar Rojo no se dividió de una vez en toda la expansión, sino más bien que se abrió de manera progresiva a medida que los israelitas avanzaban, por lo que debían confiar en Dios al dar cada nuevo paso. Mackintosh escribió: «Dios nunca me guía a dar dos pasos a la vez. Debo dar un solo paso y luego recibo iluminación para el siguiente. Esto mantiene el corazón en permanente dependencia de Dios».[2]

Me parece interesante que Moisés y los israelitas supieran que su tierra prometida, la que manaba leche y miel, se hallaba en Canaán. Sin embargo, cuando Dios sacó al pueblo de Egipto, en vez de ir directo al norte hacia Canaán, giraron al sur hacia el desierto del Sinaí. Obviamente, el pueblo estaba confundido por el desvío, pero había un motivo. Los belicosos filisteos habitaban la tierra entre Egipto y Canaán. Si la inexperta nación hebrea sin formación alguna los hubiera enfrentado, probablemente habría sido completamente derrotada, y los sobrevivientes habrían regresado a la seguridad de Egipto.

Así que Moisés los condujo al sur hacia el Mar Rojo y Sinaí (Éxodo 13:17-18). Al hacer eso les salvó la vida y les proporcionó la oportunidad de que presenciaran el milagro de Dios al dividir las aguas del Mar Rojo.

Lo mismo es válido cuando experimentamos períodos de cambios masivos. No tenemos manera de conocer el propósito de Dios cuando nuestra vida se ha desviado en una dirección inesperada.

A veces tales cambios radicales pueden revelar cosas que nunca habríamos visto de otra forma... si somos pacientes y confiamos en la dirección de Dios.

La misionera Isobel Kuhn aprendió esa lección cuando los comunistas invadieron China en la década de los cuarenta. Consciente del peligro en que se hallaba, Isobel escapó a pie del país con su pequeño hijo Danny, cruzando el peligroso paso de Pienma cubierto de nieve. Finalmente llegó a Myitkyina en la Alta Birmania (Myanmar), pero allí se quedó varada en lo que parecía el fin del mundo, sin dinero, sin conocer el idioma y todavía a medio globo de su hogar. Más tarde escribió: «No puedo describir la consternación y la inquietud que me invadieron».

A pesar de su perplejidad, Isobel tomó dos decisiones en ese momento de cambio imprevisto e indeseado. «Lo primero es echar fuera el temor. El único temor que un cristiano debe tener es al pecado. Todos los demás temores provienen de Satanás y son enviados a confundirnos y debilitarnos. Cuántas veces reiteró el Señor a sus discípulos: "¡No teman!"», declaró. Así que Isobel se puso de rodillas y abrió el corazón delante del Señor: «Me negué a sentir miedo y le pedí que sacara esos temores de mi corazón».

La segunda determinación de Isobel fue «buscar luz para el siguiente paso». No tenía idea de cómo salir de Asia, pero con la ayuda de Dios creyó poder averiguar qué hacer ese día para encontrar algo de comida y dinero, hallar un lugar seguro dónde quedarse y encontrar

«Lo primero es echar fuera el temor. El único temor que un cristiano debe tener es al pecado».

un medio de comunicarse con el mundo exterior. Es decir, Isobel hizo lo correcto y razonable. En vez de esperar que todo el plan de Dios se le revelara, ella dio los pasos que pudo con la luz que tenía a su disposición.

Cón el tiempo regresó a casa sana y salva. Su salvación no ocurrió por esperar hasta saber exactamente lo que debía hacer en cada situación, sino por confiar en la guía de Dios en pequeños intervalos, emprendiendo el viaje pisada tras pisada.[3]

La misma estrategia funciona cuando experimentas cambios imprevistos e indeseados. Cuando no sepas qué hacer a continuación, echa fuera el miedo y busca luz para el siguiente paso. Confía en que Dios te guía en pequeños intervalos. Y si no logras ver lo que yace tenuemente a la distancia, haz lo que tienes claramente a la mano.

Cinco

No se ha olvidado de ti aunque tu familia sufra

Era un día típico de octubre para el doctor Earl McQuay, hasta que dejó de serlo.

El doctor McQuay ofreció una conferencia matutina a sus estudiantes de seminario en la Columbia International University de Carolina del Sur. El tema era las etapas del dolor. El doctor McQuay estaba especialmente interesado en preparar a sus estudiantes para ministrar a los padres que debían lidiar con la pérdida de un hijo. Como parte de la clase, leyó en voz alta el testimonio desgarrador de un padre cuyo hijo, un joven robusto, había muerto después de una cirugía cardíaca.

Después de la clase, el doctor McQuay se dirigió al comedor de la universidad y estaba a punto de consumir su primer bocado de almuerzo cuando una secretaria se le puso al lado y le dijo: «Doctor McQuay, tiene una llamada telefónica de emergencia de Carolina del Norte». El corazón de McQuay le dio un vuelco; su propio hijo, Tim, estudiante de medicina recién casado, se hallaba en Carolina del Norte.

La noticia fue trágica. Mientras ajustaba el sistema de sonido de su auto, Tim había perdido el control del vehículo. El choque fue grave, por lo que no se esperaba que Tim sobreviviera.

El doctor McQuay y su esposa se trasladaron de inmediato a Carolina del Norte. Esa noche en la capilla del hospital se arrodillaron con gran dolor y muchas lágrimas. Alzando las manos a Dios, oraron: «Señor, cuando Tim era un bebé lo sostuvimos y te lo entregamos. Y hemos mantenido ese compromiso a través de los veintitrés años de su vida. Una vez más lo llevamos ante ti. Eres nuestro Señor soberano y tu plan es perfecto».

Trágicamente, Tim falleció.

Al reflexionar, vemos que nada pudo haber preparado a los McQuay para el dolor y la angustia resultantes. El doctor McQuay escribió más tarde: «El lado teológico de mí declara: "Tim está vivo en el cielo y todo está bien. ¡Regocíjense!". Pero hay un lado humanamente frágil de mí que grita: "Mi querido hijo se fue. ¡Y lo extraño tanto!". Sé que la separación solo es temporal. Pero estoy profundamente herido. Me fallan las fuerzas. Nubes oscuras ocultan el sol. Me siento solo. Mi corazón llora por mi hijo».[1]

«Mi querido hijo se fue.
¡Y lo extraño tanto!».

Ver sufrir a nuestros seres amados o tratar de encontrarles el camino a través de los problemas puede ser una de las cosas más difíciles de soportar. ¡Queremos ayudar desesperadamente! Deseamos facilitar las cosas. Ansiamos hacer todo bien y, a veces, tenemos dificultad para entender por qué Dios no interviene para que eso ocurra.

Al igual que los McQuay, la mayoría de los padres temerosos de Dios experimentamos emociones conflictivas cuando se trata de retos que afectan a nuestras familias y, especialmente, a nuestros hijos. Por un lado, comprendemos intelectualmente que lo mejor que podemos hacer por los miembros de nuestra familia es entregárselos a Dios, liberarlos para que sigan el plan divino y encuentren la voluntad del Señor en cualquier manera que sea necesario. Eso es innegable, aunque signifique permitir que experimenten dolorosas circunstancias que conduzcan a un aprendizaje crítico.

Por otro lado, es más fácil decirlo que hacerlo.

Quizás lo único peor que reflexionar en que Dios se ha olvidado de nosotros es la idea de que se haya olvidado de los miembros de nuestra familia.

Me gustaría ofrecer tres maneras en que podemos responder en tales momentos. Podemos reemplazar el miedo con fe, el dolor con la Palabra de Dios y la angustia con confianza.

REEMPLAZA EL MIEDO CON FE

La historia de la hija de Jairo documenta uno de los momentos instructivos más notables en los evangelios. No debido al resultado; sí, se produjo un milagro cuando una jovencita fue resucitada de los muertos, pero eso no es lo más sorprendente dado el contexto general de la vida y el ministerio de Jesús. En realidad, el momento extraordinario llegó como una interrupción que debió haber sido molesta, si miras la narración desde el punto de vista de Jairo: esto le enseñó a reemplazar el miedo con fe.

Entonces llegó un hombre llamado Jairo, que era un oficial de la sinagoga. Cayendo a los pies de Jesús, le rogaba que entrara a su casa; porque tenía una hija única, como de doce años, que estaba al borde de la muerte. Pero mientras Él iba, la muchedumbre lo apretaba. (Lucas 8:41-42).

Jesús accedió a ir con ese hombre y ambos se abrieron paso en medio de la multitud.

Mientras iban a la casa de Jairo sucedió otro acontecimiento. Una mujer que había sufrido «de hemorragia» durante doce años se acercó a Jesús entre la multitud y sigilosamente le tocó el manto (vv. 43-44). Eso fue algo significativo porque es probable que la condición de la mujer significara que había estado ritualmente impura durante esos doce años, sin poder asistir a la adoración ni hacer sacrificios en el templo, e incluso se le prohibía tocar a otras personas. Al tocar a Jesús ella estaba corriendo un riesgo asombroso.

Probablemente has oído o leído el resto de la historia de esa mujer:

Jesús preguntó: «¿Quién es el que me ha tocado?». Mientras todos lo negaban, Pedro dijo, y los que con él estaban: «Maestro, las multitudes te aprietan y te oprimen». Pero Jesús dijo: «Alguien me tocó, porque me di cuenta de que había salido poder de Mí». Al ver la mujer que ella no había pasado inadvertida, se acercó temblando, y cayendo delante de Él, declaró en presencia de todo el pueblo la razón por la cual lo había tocado, y cómo al instante había sido sanada. Y Él le dijo: «Hija, tu fe te ha sanado; vete en paz» (vv. 45-48).

Todo eso resultó ser una gran noticia para la mujer anónima y el incidente reveló tanto el poder como la compasión de Jesús.

Sin embargo ¿qué pasa con Jairo? Trata de ver esos acontecimientos desde su punto de vista. ¿Te alegraría que tu hija estuviera al borde de la muerte y que, finalmente, hubieras convencido de que fuera a verla a la única Persona que podría ayudarla... y entonces delante de ti se pusiera alguien más con sus problemas y sus preocupaciones? ¿Esperarías pacientemente mientras Jesús hacía sus preguntas, conversaba con Pedro y seguía interactuando con esa señora desconocida? ¿Con esa mujer que acababa de romper muchas de las reglas sociales y religiosas de su cultura?

Esto debió haberle parecido a Jairo
como si Jesús se hubiera olvidado
por completo de su pequeña niña.

Eso debió haberle parecido a Jairo como si Jesús se hubiera olvidado por completo de su pequeña niña.

Entonces todo se puso mucho, mucho peor: «Mientras Jesús estaba todavía hablando, vino alguien de la casa de Jairo, oficial de la sinagoga, diciendo: "Tu hija ha muerto; no molestes más al Maestro"» (v. 49).

Por supuesto, Jesús no se había olvidado de la hija de Jairo. Sabía exactamente lo que estaba ocurriendo en esos momentos. Sobre todo, sabía con exactitud lo que estaba a punto de suceder. Por eso le dio a Jairo estas instrucciones: «No temas; cree solamente, y ella será sanada» (v. 50).

Tales palabras se aplican a cualquiera que se pregunte si Dios se ha olvidado de los miembros de su familia. *No temas; cree solamente.*

La realidad es simple y llana: si pudieras resolver los problemas que tus seres queridos enfrentan, ya lo habrías hecho. Si esos mismos seres queridos pudieran lidiar con sus vidas sin experimentar ningún dolor o conflicto, sin duda lo habrían hecho. Por tanto, llega un momento en que «hacer» ya no es útil, en que el miedo exacerba nuestra ansiedad.

En esos momentos la respuesta es la fe. Creer en la bondad y el cuidado de Dios no es tan solo una opción más; es la *única* opción que puede producir algún bien. Así que decide reemplazar intencionalmente tu miedo con fe.

REEMPLAZA EL DOLOR CON
LA PALABRA DE DIOS

Lo triste es que hay ocasiones en que la buena y perfecta voluntad de Dios no incluye sanidad terrenal para nuestros seres amados. Al contrario, su curación viene del cielo, lo que significa que hay ocasiones en que perdemos a las mismas personas sin las que estamos seguros de no poder vivir. Debido a esa realidad, quiero ofrecer una nota especial para los padres que han soportado la muerte de un hijo.

Algún tiempo después de la muerte de su hijo, el doctor Earl McQuay escribió un pequeño libro titulado *Beyond Eagles: A Father's Grief and Hope,* en el cual enumeró cinco realidades que le proporcionaron gran consuelo a su corazón y al de su esposa. Ofrezco un resumen de tales realidades con la esperanza de que serán un conjunto de directrices para consolar a quienes anhelen encontrar consuelo.

La primera realidad es la Biblia. La infalible Palabra de Dios sirvió como terreno firme sobre el cual el doctor McQuay y su esposa pudieron resistir el huracán de la tragedia que se abatió sobre sus almas. Encontraron versículos, proclamaron promesas, estudiaron verdades acerca del cielo y se acercaron al Señor día a día indagando en lo cubierto del libro de Dios.

La segunda realidad es la oración. A través de ella pudieron clamar delante del trono de Dios, sabiendo que él se compadecía de las debilidades de ellos. También sintieron el apoyo de muchos otros que estuvieron orando por ellos. En oración podemos reposar en los brazos del Señor, encontrar consuelo en su presencia, volcar nuestros corazones hacia él y confiar en que convierta nuestras angustias en recuerdos y finalmente en alabanza.

La tercera realidad son los amigos. McQuay escribió: «En el momento de nuestra mayor necesidad los miembros del cuerpo de Cristo vinieron en nuestro auxilio. Su gran cantidad de tarjetas, cartas, flores, alimentos, regalos conmemorativos, llamadas y oraciones nos animaron y ayudaron en el proceso de sanidad».

La cuarta realidad son los recuerdos. El doctor McQuay y su esposa valoraron los veintitrés años que disfrutaron con Tim. Nada podía despojarlos de esas sonrisas, esas carcajadas y esos buenos tiempos.

La última realidad es la esperanza. La muerte no es para los cristianos un punto, sino una coma en la historia, solo una pausa; y todas nuestras separaciones son temporales. Los cristianos parten tan solo para volver a encontrarse.[2]

Mis palabras no pueden reducir el dolor de un padre, pero creo con todo mi corazón que la Palabra de Dios puede impartir consuelo eterno. Aquel que afirmó: «Dejen que los niños vengan a Mí» (Marcos 10:14) está preparando una ciudad eterna donde las amistades nunca terminarán, las relaciones nunca se amargarán, no habrá separaciones que dividan y la muerte nunca se entrometerá.

La muerte no es para los
cristianos un punto, sino una
coma en la historia.

Nuestro tiempo en la tierra solo es un instante, luego nos vamos. Pero nuestro Dios es eterno y está preparando un lugar para nosotros. Consolémonos unos a otros con su Palabra.

REEMPLAZA LA ANGUSTIA CON CONFIANZA

Desde luego, las relaciones dentro de una familia involucran más que padres e hijos. La relación entre el esposo y la esposa puede ser la fuente del más grande gozo o del dolor más intenso en la vida de una persona.

Al igual que con nuestros hijos, cuando nuestro cónyuge atraviesa un momento difícil, o incluso una temporada de sufrimiento, nuestro corazón se angustia junto con el suyo. Cuando nuestro cónyuge está en problemas y no podemos hacer nada para resolver la situación, es comprensible que eso nos cause dolor.

Sin embargo, hay otro aspecto en los acontecimientos que causan trastornos en el hogar: a veces la angustia viene de las acciones de nuestro cónyuge. Podría tomar malas decisiones de salud o financieras, lo cual provoca conflictos. O tal vez sea brusco o cruel con su lengua, indicios estos de que su vida espiritual y su relación con Dios no están donde deberían estar.

O es posible que una desconexión en el hogar haga que el matrimonio se desintegre por completo. La separación y el divorcio han sido generalizados en nuestra sociedad durante décadas; sí, incluso en la iglesia, y nuestras familias se ven a obligadas a sufrir las consecuencias.

¿Qué podemos hacer cuando nuestras relaciones familiares están desordenadas?

A menudo se hace referencia a Efesios 5 como el «capítulo del matrimonio» dentro de las Escrituras. Eso se debe en gran parte a que estos versículos ofrecen una utilidad poderosa y práctica para nuestras relaciones más profundas. Por ejemplo, Pablo instruye en los versículos 22-28 a las esposas a mostrar a sus esposos el mismo respeto que deben mostrar a Dios. Si eso parece algo difícil, ¡Pablo instruye a los esposos a amar a sus esposas con el mismo amor sacrificial que Cristo mostró cuando se ofreció como sacrificio vivo por la iglesia!

Una manera de resumir las instrucciones de Pablo a los esposos y las esposas es este: Asume la responsabilidad de tu papel en tu relación poniendo a Cristo como la prioridad, tanto en tus acciones como en tus palabras, luego confía a Dios el resultado.

Es fácil centrarte en lo que te gustaría que fuera diferente en tu matrimonio. Desdichadamente, también es fácil caer en un estilo de vida con el que trates de cambiar a tu cónyuge. En ocasiones eso ocurre de manera vocal a través de quejas o crítica y, otras veces, sucede por medio del silencio y la manipulación emocional. Muchos cónyuges se esfuerzan activamente por «arreglar» a la persona que aman.

Lo que debemos entender es que
no tenemos control sobre nuestro
cónyuge.

Lo que debemos entender es que no tenemos control sobre nuestro cónyuge. No podemos controlar sus pensamientos. No podemos controlar sus deseos. No podemos controlar su comportamiento ni sus hábitos, objetivos ni su espiritualidad.

No obstante ¡sí tenemos control sobre nosotros mismos! Podemos controlar nuestros propios pensamientos, deseos, comportamientos, hábitos, objetivos y nuestra vida espiritual. Podemos cambiar y mejorar lo que somos y cómo nos relacionamos con nuestro cónyuge, acercándonos uno al otro con amor, respeto y un comportamiento sacrificial continuo hacia el matrimonio.

El beneficio adicional de preferir «arreglarnos» más que arreglar a nuestro cónyuge es que da lugar a la confianza. Específicamente, a medida que aprendemos a confiar en que Dios obra en las vidas de aquellos a quienes más amamos, nuestra fe crece mientras él actúa en la restauración de las relaciones destruidas o fragmentadas.

Dios no ha olvidado a tu familia. En realidad, nadie la ama más que él. Nadie está apoyando más a tu familia que Dios. Y nadie más que Dios tiene los medios, el poder, la autoridad y la sabiduría para guiar a cada miembro de tu familia hacia donde debe ir.

Por tanto, da un paso atrás y decide confiar en Dios.

Seis

No se ha olvidado de ti aunque estés solo

Hace poco una joven soltera renunció a su empleo en la ciudad y regresó a su pequeño pueblo natal, abandonando su carrera y dejando un lugar de servicio en la iglesia a la que se había unido. Al preguntársele por qué se mudó, contestó: «Me cansé de comer sola». Nadie es inmune a la soledad. Incluso uno de los hombres más brillantes que han existido, Albert Einstein, se quejó: «Es extraño ser conocido tan universalmente y, sin embargo, estar tan solo».

La soledad no es nueva, ha estado presente a lo largo de la historia. Hoy no es la excepción; es más, la soledad trasciende fronteras y posiciones económicas, afectando a jóvenes y viejos. Hay cónyuges que se sienten solos. Solteros que se sienten solos. Personas mayores que se sienten solas. Soldados que se sienten solos. Estudiantes que se sienten solos. La lista parece interminable. Las recientes restricciones

A veces parece que nadie, ni siquiera Dios, se preocupa por nosotros.

impuestas a nosotros debido a la pandemia han impedido que la gente interactúe personalmente entre sí, creando un problema de aislamiento y soledad que antes se desconocía. Dios nos creó para interactuar unos con otros y con él. La verdad es que Dios no nos deja solos, ni siquiera por un instante. Sin embargo, hay ocasiones en que nos sentimos solos. A veces parece que nadie, ni siquiera Dios, se preocupa por nosotros.

Es en tales momentos que el cuerpo de Cristo debe extenderse y ser las manos y los pies de nuestro Salvador. Incluso con las restricciones impuestas en cuanto a cómo y cuándo vernos en persona, debería ser nuestra prioridad buscar a quienes sufren y contactarnos con ellos en alguna forma para hacerles saber que le importan a alguien, mediante una nota, una llamada telefónica, un correo electrónico; las oportunidades están allí si las buscamos. D. L. Moody lo dijo de este modo: «El mundo no comprende la teología ni el dogma, pero sí comprende el amor y la solidaridad».[1] Esto es especialmente cierto en los tiempos de pérdida, los que muchas personas experimentan en estos días. Quizás las personas más solitarias del mundo sean los sobrevivientes, los que siguen viviendo después de que un ser amado ha partido.

LA SOLEDAD DE PERDER A ALGUIEN

El evangelista de Carolina del Norte, Vance Havner, poseía una mente aguda y un gran ingenio que hizo legendarios sus dichos perspicaces.

Tenía una manera única de cambiar una frase en forma tal que te divirtiera y te desgarrara el corazón, ambas cosas a la vez.

Sin embargo, el libro más popular y poderoso de Havner no fue un volumen de sermones ni una colección de devocionales, sino un relato de su propia angustia por la pérdida de su esposa a causa de una enfermedad terrible y fatal. Desde lo más profundo de su sufrimiento escribió *Though I Walk Through the Valley*, un libro que no contiene respuestas sencillas ni clichés gastados.

Havner escribió: «Sara se ha ido y con ella se fueron otras mil cosas preciosas que hicieron los últimos años realmente encantadores. Se acabó la expectativa de regresar a casa y ser recibido en el aeropuerto o en la puerta del apartamento. Se fue la emoción de oír esa voz al otro lado del teléfono [...] Atrás quedaron aquellas cartas por correo en la casilla del hotel, una cada día. Se fue el apretón de esa querida mano mientras paseábamos por el campo. Se acabó ese rostro encantador en la congregación, sonriendo ante mis chistes que había escuchado innumerables veces».[2]

Atrás quedó. Al igual que *se fue,* es una frase cruel en su efecto pero inevitable para los peregrinos que transitan por un mundo que no les pertenece.

Cuando un cónyuge muere, nuestro mundo cambia. Nuestra rutina diaria cambia. Nuestros hábitos de dormir cambian. Nuestro apetito y disfrute de la vida se ven afectados, y el dolor intenso y la soledad vienen y van sin patrones previsibles. No hay sentimiento tan

Atrás quedó. Al igual que se fue, es una frase cruel en su efecto pero inevitable para los peregrinos que transitan por un mundo que no les pertenece.

solitario como querer escuchar una voz que ya no habla o ansiar el toque de una mano que se ha ido.

No obstante, hay esperanza. Porque incluso cuando atraviesas el valle más solitario que puedas imaginar, Dios aún está contigo. Aunque sientas que tu corazón se ha desgarrado en dos, Dios no te ha olvidado. Su voz aún está allí. Su toque sigue siendo real. Y su cuidado no tiene límites.

Dios muestra, a lo largo de las Escrituras, su preocupación por los solitarios cuando nos pide que cuidemos de las viudas y los viudos en su angustia. Las viudas se mencionan con frecuencia en la ley de Moisés, especialmente en Deuteronomio. Las leyes del Antiguo Testamento contienen múltiples provisiones y protecciones para aquellos cuyos cónyuges han muerto. El sistema judicial de Israel se interesaba especialmente por los derechos y las necesidades de las viudas.

Es más, un libro completo de la Biblia está dedicado a la difícil situación de dos mujeres diferentes cuyos esposos habían muerto: Noemí y Rut. Cuando Noemí perdió tanto a su esposo como a sus hijos mientras vivía en una tierra extranjera, planeó regresar a Israel sola en medio de la soledad y el dolor. Sin embargo, Rut, nuera de Noemí y también viuda afligida, no se lo permitió. Se unió a Noemí en ese viaje, y las dos mujeres decidieron apoyarse y animarse mutuamente cuando cualquier otro consuelo parecía lejano. Lo que da un significado especial a esa historia es que Rut fue la bisabuela del rey David y antepasada lejana del mismo Jesús. Es decir, la extraordinaria protección y guía de Dios en las vidas de esas dos mujeres sentó la base para la posterior historia redentora de Israel.

Una de las narraciones más insólitas e instructivas del Antiguo Testamento se refiere a Elías y la viuda de Sarepta. Durante una época de hambre, la despensa de esa viuda se había quedado casi vacía, pero compartió lo que tenía con Elías. Como resultado, «la harina de la tinaja no se acabó ni se agotó el aceite de la vasija» (1 Reyes 17:16). Las historias de Elías, Eliseo y las viudas que conocieron proporcionan lecciones respecto a cómo Dios cuida de aquellos que han perdido un ser amado y en qué modo quiere usarlos como una bendición para los demás.

Isaías 54:5, que a veces se le llama «el versículo de la viuda», ha ofrecido consuelo infinito a generaciones de mujeres afligidas: «Tu esposo es tu Hacedor, el SEÑOR de los ejércitos es Su nombre». Durante cincuenta años, Agnes y su esposo Emit hacían su lectura bíblica y su oración matutina en la mesa del desayuno. El día en que él murió, ella se acostó pensando que nunca más podría comenzar el día con ejercicios devocionales. Pero a la mañana siguiente se sentó valientemente a la mesa de la cocina y abrió su Biblia en el lugar en que ella y su esposo habían dejado de leer veinticuatro horas antes. El versículo en que fijó la mirada fue Isaías 54:5: *Tu esposo es tu Hacedor.*

Agnes sonrió y dijo: «Gracias, Señor». Por medio de esas palabras en Isaías, Dios la consoló en ese momento extremo de pérdida y soledad.

En el Nuevo Testamento, el Señor Jesús tuvo muchos encuentros con viudas. Durante los primeros días de su vida fue bendecido por la profetisa Ana, una viuda de ochenta y cuatro años; y en los últimos momentos de su existencia se aseguró de que su propia madre viuda fuera atendida por el apóstol Juan (Juan 19:16-27). Entre estas dos estuvieron muchas otras, inclusive la famosa viuda que —en medio de su pobreza— puso sus dos monedas en el tesoro del templo y fue elogiada por nuestro Señor debido a su fiel generosidad (Lucas 21:1-4).

¿Qué significa todo esto para ti? En primer lugar, que en momentos de gran pérdida podemos sentirnos reconfortados por el cuidado de Dios por los más vulnerables a la soledad y la desesperación. Si te encuentras afligido por la muerte de alguien que pensaste que nunca se iría de tu lado, puedes confiar en que Dios hallará formas de mostrar su cuidado por ti.

En segundo lugar, puedes encontrar consuelo en la sencilla verdad de que no estás solo. Sí, la muerte puede ocasionarnos dolor, pero Jesús quitó el aguijón de la muerte para el creyente. ¡Obtuvo la victoria sobre la muerte! Cristo conquistó la tumba, lo cual significa que ofrece un bálsamo para nuestros corazones afligidos. La vida en este lado de la eternidad está llena de despedidas, pero no tenemos que experimentar solos esas partidas. Tenemos, ahora mismo, la presencia consoladora de su Espíritu con nosotros y la esperanza perdurable de la vida eterna con Cristo un día en el cielo.

Si te encuentras afligido por la muerte de alguien que pensaste que nunca se iría de tu lado, puedes confiar en que Dios hallará formas de mostrar su cuidado por ti.

LA REALIDAD DEL RECHAZO

El rechazo es otro factor importante en las vidas de quienes lidian con la soledad. Muy a menudo no es el fallecimiento de un ser querido lo que nos causa dolor, sino el juicio y la acusación de alguien que una vez se preocupó por nosotros.

El rechazo familiar es la peor clase de herida. Ya sea un cónyuge que deja de amarte, un padre que se aleja de tu vida, una madre que no quiere saber nada más de ti, un hermano de quien estás distanciado o un hijo que se va de casa debido a enfado o falta de moderación, siempre es una pérdida devastadora desconectarte de alguien que amas.

El divorcio se entiende a menudo como algo más doloroso que la muerte del cónyuge, porque implica una decisión. En algún lugar en ese divorcio hay, por lo general, un nivel de rechazo que no se ve cuando un ser amado fallece.

El amor y el apoyo de la familia es la base de la autoestima, de la salud mental, de la fijación de metas y de la capacidad de interactuar positivamente con los demás. Los beneficios de recibir afirmación son infinitos. Cuando perdemos el apoyo y el elogio de los que más amamos, el dolor es inmenso.

Una vez más, la Biblia no guarda silencio sobre este tema. Por el contrario, sus páginas están llenas con las consecuencias del rechazo en muchas formas.

Cuando perdemos el apoyo
y el elogio de los que más
amamos, el dolor es inmenso.

Por ejemplo, la primera muerte en la historia ocurrió cuando Caín y Abel tuvieron una riña. Más tarde, en Génesis, se repite la misma historia en el rechazo a José que le hicieran sus hermanos. Muchos años después, los hermanos arrepentidos todavía estaban atormentados por la traición a José, diciéndose unos a otros: «Verdaderamente somos culpables en cuanto a nuestro hermano, porque vimos la angustia de su alma cuando nos rogaba, y no lo escuchamos» (Génesis 42:21).

En un capítulo anterior hablamos de la historia de Job, pero una de sus mayores penas fue la pérdida de sus hijos seguida por la falta de apoyo de su esposa, según se narra en los capítulos 1-2. Tal vez recuerdes la única frase que ella pronunció en todo el libro: «¿Aún conservas tu integridad? Maldice a Dios y muérete» (2:9).

En la vida de Jesús hubo varias ocasiones en las que su familia le retiró su comprensión y su apoyo. Juan 7:5 informa que «ni aun Sus hermanos creían en Él». Marcos 3 declara que ellos comentaban: «Está fuera de sí» (v. 21). Quizás aún más abrumador fue el colapso total del círculo de apoyo de nuestro Señor la noche que fue arrestado. Judas lo traicionó, Pedro lo negó y todos sus discípulos huyeron y lo dejaron solo. En la cruz, incluso el Padre celestial le dio la espalda, lo que llevó a Jesús a gritar: «Dios Mío, Dios Mío, ¿por qué me has abandonado?» (Mateo 27:46).

Nuestros sentimientos de pérdida son especialmente intensos si nuestra familia se ofende con nosotros debido a nuestra fe en Cristo. Francis Schaeffer comprendió muy bien cómo se siente eso. Hoy lo recordamos como un misionero cristiano y apologista que retó a un mundo de escépticos a considerar las verdades de la Biblia. Pero cuando era joven, Francis enfrentó unos padres hostiles que se opusieron ferozmente a su idea de ingresar al ministerio. Siempre habían querido que su hijo fuera ingeniero. Al prepararse para el servicio cristiano, fue contra los deseos de ellos, por lo que su madre mostró un espíritu implacable y amargado a lo largo del ministerio de su hijo e incluso hasta la vejez de ella.

¿Cómo podemos reaccionar en tales momentos? He aquí cuatro maneras en que puedes acudir a Dios en las épocas de soledad y rechazo, porque decidan lo que decidan los demás, Dios nunca te olvidará ni te desamparará.

UN PADRE QUE NOS AMA

Si sientes algún nivel de rechazo en la actualidad, recuerda que aún tienes un Padre celestial que te ama. Debido a que Cristo fue abandonado por el Padre, nosotros nunca lo seremos. Debido a que en el Calvario fue separado del amor de su Padre, nosotros estamos unidos para siempre al amor del Padre. El apóstol Pablo oró porque sus lectores comprendieran «la anchura, la longitud, la altura y la profundidad» del amor de Cristo por nosotros (Efesios 3:18).

Romanos 8 afirma que nada en toda la creación puede separarnos del amor de Dios (vv. 38-39). Colosenses 3 declara que nuestra «vida está escondida con Cristo en Dios» (v. 3). Juan 10 expresa que nada podrá arrebatarnos alguna vez de su mano (v. 28). Salmos 27:10 revela: «*Aunque* mi padre y mi madre me hayan abandonado, el Señor me recogerá».

En Isaías 49:15-16, el Señor dijo: «¿Puede una mujer olvidar a su niño de pecho, sin compadecerse del hijo de sus entrañas? Aunque ella se olvidara, Yo no te olvidaré. En las palmas de *Mis manos*, te he grabado».

Frente al abandono de sus amigos la víspera de la crucifixión, Jesús manifestó: «Miren, la hora viene, y *ya* ha llegado, en que serán esparcidos, cada uno por su lado, y me dejarán solo; y *sin embargo* no estoy solo, porque el Padre está conmigo» (Juan 16:32). Fue la presencia del Padre lo que fortaleció a Jesús durante su arresto y su juicio, pero el sentimiento de pérdida de la presencia del Padre en la cruz fue su mayor angustia. Sin embargo, esa angustia se convirtió en nuestra respuesta.

Haciéndose eco de las palabras de Jesús, el apóstol Pablo dijo en su último párrafo que conservamos, justo antes de su propia ejecución: «En mi primera defensa nadie estuvo a mi lado, sino que todos me abandonaron [...] Pero el Señor estuvo conmigo y me fortaleció» (2 Timoteo 4:16-17).

Nuestro Padre ha prometido varias veces que nunca nos dejará ni nos abandonará. Si solo pudiéramos comprender la profundidad del amor de Dios por nosotros, gran parte de nuestra soledad se aliviaría.

UN HERMANO QUE MURIÓ POR NOSOTROS

También tenemos un Hermano que murió por nosotros. Piensa en lo agradecidos que deberíamos estar por nuestro parentesco con Jesucristo. Él nos llamó sus amigos y sus hermanos, lo que expresó en Juan 15:13-14: «Nadie tiene un amor mayor que este: que uno dé su vida por sus amigos. Ustedes son Mis amigos».

Cuando Christiana Tsai, la hija de un líder político chino anunció a su familia que se había convertido en cristiana, se vio envuelta en sucesivas oleadas de maltrato, burlas, rechazo y persecución. Uno de sus hermanos le rompió la Biblia frente a ella. Pero Christiana escribió después: «En silencio miré hacia Dios. De repente vi una visión de Cristo en la cruz, con una corona de espinas sobre su cabeza y clavos en sus manos, y supe que Él había sufrido por mis pecados, que había comprado mi cabeza con su corona y mis manos con sus clavos. ¿Había algo que yo pudiera soportar por aquel que había padecido tanto por mí?».

Christiana decidió tratar a su familia con la mayor amabilidad posible, sabiendo que Cristo estaba a su lado, amándola y fortaleciéndola. Más tarde uno de sus hermanos mayores le dijo: «Háblame del cristianismo y por qué te hiciste cristiana. He observado que a pesar de la manera en que te tratamos ahora, pareces mucho más feliz de lo que solías ser. Creo que a mí también me gustaría creer».[3]

Cuando nos apoyamos en la fortaleza de nuestro Hermano mayor, andando en sus pasos, reposando en su amor y dedicados a su causa, descubrimos que él puede obrar activamente en situaciones dolorosas y que puede darnos un espíritu compasivo. Cualquier forma de rechazo o soledad, incluso la pérdida del apoyo familiar se puede convertir en ganancia ya que él dispone que todas las cosas cooperen para nuestro bien (Romanos 8:28).

UN CONSOLADOR QUE CAMINA CON NOSOTROS

Tenemos un tercer pilar de apoyo: Un Consolador que camina con nosotros. En el discurso del aposento alto en Juan 13—17, Jesús dijo a sus discípulos que a pesar de que los dejaba, no estaba abandonándolos. «Les conviene que Yo me vaya», declaró en Juan 16:7.

Esa es una declaración extraordinaria; ¿nos *conviene* que Jesús nos deje, que abandone el mundo? ¿Es *mejor* para nosotros que se haya ido?

Sí, confirmó Jesús. «Les conviene que Yo me vaya; porque si no me voy, el Consolador no vendrá a ustedes».

Esa es nuestra fuente definitiva de gracia. Es el Espíritu Santo de Cristo que vive dentro de nosotros, a través del cual nuestro Señor vive en el corazón, la mente y el mismo cuerpo de nosotros. Es el Espíritu

Santo quien nos llena de valentía para hablar la Palabra. Es el Espíritu Santo quien produce el fruto del Espíritu: amor, gozo, paz, paciencia, benignidad, bondad, fidelidad, mansedumbre, dominio propio. Es el Espíritu Santo quien nos recuerda la Palabra de Dios y nos ayuda a recordar, en momentos críticos, las promesas divinas. Es el Espíritu Santo quien ilumina nuestras mentes cuando estudiamos la Biblia, de modo que el mensaje de Dios arda dentro de nuestros corazones. Y es el Espíritu Santo quien ministra nuestros espíritus, reasegurándonos que somos hijos de Dios.

Nada de esto se pierde cuando experimentamos soledad o rechazo. Es más, en tales momentos el Consolador se vuelve aun más amado y su consuelo aun más precioso.

UNA FAMILIA QUE NOS PERTENECE

Por último, tenemos una familia que nos pertenece y a la que pertenecemos: la Iglesia. La comunión de los cristianos constituye el cuerpo de Cristo y la familia de Dios. Cuando Jesús se sintió rechazado por su parentela, declaró que sus verdaderos hermanos y hermanas eran «cualquiera que hace la voluntad de Dios» (Marcos 3:35). Tenía más afinidad con sus seguidores que creían en él que con su propia familia que no lo hacía.

De modo similar, a veces encontramos nuestro más grande apoyo, amor, amistad y compañerismo con el pueblo de Dios, en nuestras amistades cristianas, en los grupos pequeños y en las reuniones de iglesia.

Siempre que nos sintamos solos o rechazados, debemos evitar aislarnos. No podemos convertirnos en reclusos, rechazando al mundo y a todos los que lo ocupan. Incluso los amantes de la soledad deben extenderse en amor, encontrar alguien a quien servir y ejercitar la bondad durante esos momentos difíciles.

Así que lo diré de nuevo: hay esperanza durante las temporadas más desafiantes de la vida, incluso en medio de los rechazos más dolorosos. Eso se debe a que tenemos un Salvador que es el Dios de esperanza. Cuando tenemos el amor de un Padre, el apoyo de un Hermano, la presencia de un Consolador y la disponibilidad de la familia de Dios, hay más que esperanza.

Hay victoria.

Siete

NO SE HA OLVIDADO DE TI
AUNQUE TU SALUD FALLE

La salud humana, y la salud del cuerpo humano en general, es una paradoja.

En muchos sentidos tu cuerpo es extraordinariamente robusto y poderoso, e incluso algo milagroso. Tu sistema inmunológico es una fuerza finamente calibrada de asesinos y personal de contrainteligencia tan eficiente que de manera rutinaria identifica y elimina todo tipo de amenazas a tu bienestar, desde bacterias a virus, células cancerosas, etc. Incluso cuando algo sale mal, tu cuerpo tiene una capacidad asombrosa de curarse a sí mismo.

Por ejemplo, cuando te raspas una rodilla o recibes una herida profunda, unas células pequeñas en tu torrente sanguíneo —llamadas plaquetas— detectan de inmediato la fisura y se ponen en marcha para solucionar el problema. Se unen en una matriz o red que rápidamente se coagula y sella los vasos sanguíneos afectados para evitar nuevas hemorragias. Entonces, al parecer de la noche a la mañana, en la mayoría de los casos crece nueva piel en el lugar de la que resultó dañada. He visto a mis nietos maravillarse por la manera en que sus cuerpos se curan después de una herida.

¡Y deberíamos maravillarnos! Nuestros cuerpos funcionan como imágenes vivas de la bondad y el cuidado de Dios.

Sin embargo, en otras maneras, nuestros cuerpos pueden parecer extraordinariamente frágiles y propensos a fallar. Sentimos eso con más intensidad a medida que envejecemos.

A fin de darte un ejemplo de esta fragilidad, ¿cuál crees que es el animal más peligroso en el planeta Tierra? ¿Qué criatura crees que es la más dañina para los seres humanos?

Si lo primero que pensaste es en animales con dientes afilados y garras como tiburones u osos, te equivocas. Los tiburones solo matan unas cuantas docenas de personas cada año. Los mamíferos más grandes matan menos que eso. ¿Y qué tal las serpientes? Desde luego que son mortales, su veneno es responsable de decenas de miles de muertes humanas cada año. Pero hay un asesino mucho mayor acechando en las sombras.

Lo asombroso es que la criatura más peligrosa, para los seres humanos, es el mosquito. Eso se debe a que los mosquitos son responsables de la transmisión de enfermedades como malaria, fiebre amarilla, dengue, Zika, entre otras, enfermedades que en conjunto matan a más de 750.000 personas cada año.[1]

Como pastor que ha visitado muchas camas de hospital, y como alguien que en el pasado se encontró en las garras de una grave enfermedad, comprendo lo deprimidos que podemos sentirnos cuando nuestros propios cuerpos nos fallan. Cuando la salud y la fortaleza en las que siempre hemos confiado ya no están en tales momentos es fácil dejarse llevar por el miedo y la duda. *¿Entiende Dios lo que estoy pasando aquí? ¿Le importa? ¿Se ha olvidado de mí?*

¿Qué debemos hacer los cristianos ante la realidad siempre presente de la enfermedad? ¿Cómo vamos a vivir sabiendo que nuestra vida podría verse interrumpida en cualquier momento o, mejor dicho, que podría terminar por algo que ni siquiera podemos ver?

LA FUENTE DE LA ENFERMEDAD

La enfermedad no es nada más ni nada menos que un síntoma del pecado. No de pecado personal, sino de la maldición del pecado sobre toda la creación (ver Génesis 3:17-19). Como escribió el apóstol Pablo en Romanos 8:18-25, toda la creación se mueve con esfuerzo bajo la carga del pecado y anhela el día de la redención en que ya no «habrá más duelo, ni clamor, ni dolor» (Apocalipsis 21:4).

Hasta que llegue ese día viviremos del mismo modo que fuimos salvados: por la gracia de Dios.

Dios creó a Adán y a Eva en un estado de salud perfecta, por lo que sus cuerpos estuvieron libres de enfermedad. Cuando ellos pecaron, todo el orden de la naturaleza convulsionó; la enfermedad se convirtió en una triste realidad y la muerte en una contingencia inevitable.

Todos nosotros experimentaremos enfermedades, lesiones, incapacidades y finalmente la muerte durante nuestro tiempo aquí en la tierra. La pérdida de la salud puede venir de manera repentina o lenta. Pero a pesar de todo, «no nos ha dado Dios espíritu de cobardía, sino de poder, de amor y de dominio propio» (2 Timoteo 1:7). No podemos dejarnos llevar por el pánico ni permitirnos vivir en un estado de depresión o miedo, porque el gozo del Señor sigue siendo nuestra fortaleza en toda situación.

Eso nos ayuda a recordar que incluso los héroes bíblicos de antaño no fueron inmunizados contra la enfermedad. Job sufrió prolongadas enfermedades que le estropearon el cuerpo y le produjeron miseria constante. Pablo vio con impotencia cómo sus amigos Epafrodito y Trófimo se retorcían con fiebre mortal. Ezequías padeció una enfermedad terminal y el rey Asá tenía un padecimiento degenerativo en los pies. La suegra de Pedro estuvo confinada a un lecho de enferma, Samuel se debilitó y el rey David se angustió por la condición de su hijo recién nacido. Pablo oró tres veces para ser curado de su enfermedad, el aguijón en la carne. E incluso el Hijo del Hombre soportó heridas violentas y mortales, y un dolor insoportable a manos de sus enemigos.

LA SOLUCIÓN A LA ENFERMEDAD

Incluso en medio de enfermedades y dolencias debemos ser cristianos bíblicos, reclamando las promesas de Dios y viviendo con su presencia y sus propósitos en mente. Debemos vivir en fe, no en temor.

Dicho esto, he aquí cuatro pasos específicos que puedes dar cuando la enfermedad o la pérdida de la salud hagan parecer como si Dios se hubiera olvidado de ti.

Seguir confiando en Dios

Nuestro mayor desafío ante la pérdida de la salud es seguir confiando en Dios. Sabemos que él cuida de nosotros, y que tenemos la sanidad definitiva por medio del derramamiento de sangre y la tumba vacía de Jesucristo. Pero la pérdida de la salud nos afecta tanto emocional como físicamente. Nos pone en riesgo financiero y vocacional. Nos coloca rumbo a una colisión con nuestro enemigo más mortal, la muerte, y podemos encontrarnos en verdadero peligro letal, expuestos a posible sufrimiento, dolor crónico y la pérdida de todo lo que amamos en la vida.

Quizás la mayor verdad en toda la Biblia en lo que respecta a la enfermedad entre los cristianos sea Juan 11:4, cuando Jesús declaró: «Esta enfermedad no terminará en muerte, sino que es para la gloria de Dios, para que por ella el Hijo de Dios sea glorificado».

Cristo pronunció tales palabras después de oír que su amigo Lázaro estaba enfermo. El hombre se hallaba realmente enfermo y, *en realidad,* murió. Cuando Jesús llegó, Lázaro había estado en la tumba durante cuatro días. Pero Jesús no dijo que la enfermedad de Lázaro no *incluiría* la muerte. Dijo que no *terminará* en muerte. Por el contrario, proporcionaría una ocasión para que Dios fuera glorificado.

¿Conoces el término «10-4»? Forma parte de los «diez códigos» usados por los oficiales de policía para comunicarse rápidamente por la radio. Decir «10-4» es brindar una afirmación o indicar que comprendiste y estás de acuerdo.

Pues bien, los cristianos que experimentan enfermedad no deberían decir «10-4» sino «11:4», y recomiendo que Juan 11:4 se inscriba hoy en el mobiliario de los hospitales o en las alcobas de todos los creyentes enfermos en el mundo. ¿Por qué? Porque nuestra enfermedad no terminará en muerte. Por el contrario, todo lo que nos sucede se convertirá en una plataforma para la gloria de «aquel que hace todas las cosas conforme al designio de su voluntad» (Efesios 1:11).

Por tanto, podemos seguir confiando en Dios, incluso en medio de la enfermedad y el dolor.

Esforzarnos por permanecer espiritualmente fuertes

No quiero dar la impresión de que tratar con la enfermedad debería ser algo sencillo o fácil, porque no lo es. La respuesta en tiempos de estrés físico rara vez es orar durante unos pocos momentos cada día, confiando en que Dios se encargará de todo, siguiendo luego con nuestra vida normal. La enfermedad es más complicada. La *vida* es más complicada.

Por eso debemos esforzarnos por mantenernos espiritual y emocionalmente fuertes durante la enfermedad. A veces necesitamos terapia física, pero Dios es un gran terapeuta espiritual que nos puede ayudar a mantenernos fuertes de corazón, aunque estemos débiles del cuerpo. Proverbios 18:14 declara: «El espíritu del hombre puede soportar su enfermedad».

En épocas anteriores, los editores cristianos encargaban himnarios específicamente orientados para los enfermos y los discapacitados, a fin de ayudar a promover esa actitud. Por ejemplo, el gran compositor de himnos J. M. Neale editó en el siglo XIX un volumen titulado *The Invalid's Hymn-Book: Being a Selection de Hymns Appropriate to the Sick-Room*. Su objetivo era reforzar la salud espiritual y emocional de aquellos cuya salud física estaba en declive.

Uno de los himnos en el libro de Neale decía:

¿Aumentan tus penas y tus aflicciones?
¿Son incesantes los ataques del enemigo?

Mira con fe radiante,
Contempla con ojos despejados,
¡A la cruz![2]

El apóstol Pablo habló en este sentido cuando declaró: «Por tanto no desfallecemos, antes bien, aunque nuestro hombre exterior va decayendo, sin embargo nuestro hombre interior se renueva de día en día» (2 Corintios 4:16).

Los períodos de enfermedad pueden ser épocas en que descubrimos nuevos ámbitos de la fidelidad de Dios, por lo que en cierta ocasión el predicador victoriano Charles H. Spurgeon declaró: «Me atrevo a decir que la mayor bendición terrenal que Dios puede darnos es la salud, con excepción de la enfermedad».[3]

Tratar de ser útiles

También debemos recordar que mientras estemos en este mundo, Dios tiene la intención de utilizarnos. Nuestro trabajo no termina hasta que nos lleve a casa. Durante su enfermedad que lo llevaría a la muerte, el profeta Eliseo seguía aconsejando a los reyes (2 Reyes 13:14). Un vistazo a la historia cristiana nos dice que algunas de las mayores obras para Dios las han realizado personas que batallaban con alguna clase de enfermedad, dolencia o discapacidad.

Debemos perseverar lo mejor que podamos, tratando de hacer cada día la obra que Dios tiene para nosotros. «No puedes hacer

«No puedes hacer mucho
en la vida si solo trabajas
cuando te sientes bien».

mucho en la vida si solo trabajas cuando te sientes bien», declaró la estrella del baloncesto Jerry West.

John Pounds es un buen ejemplo. Era un trabajador adolescente, alto y musculoso, en los muelles de Portsmouth, Inglaterra, que resbaló y cayó de lo alto del mástil de un buque. Cuando los trabajadores llegaron hasta donde él yacía, no era más que una masa de huesos rotos. Durante dos años estuvo postrado en cama a medida que sus torcidos huesos sanaban. El dolor nunca cesó. Por aburrimiento comenzó a leer la Biblia.

Al final, John salió de la cama esperando encontrar algo que pudiera hacer con su vida. Un zapatero acabó contratándolo. Día tras día, John se sentaba en su banco de zapatero con una Biblia abierta en su regazo. Pronto llegó a la fe en Cristo y nació de nuevo.

John reunió finalmente suficiente dinero para comprar su pequeña zapatería propia y, un día, desarrolló un par de botas quirúrgicas para su sobrino lisiado —Johnny—, a quien había adoptado. Pronto John estaba haciendo zapatos correctivos para otros niños, por lo que su pequeña zapatería se convirtió en un hospital infantil en miniatura.

A medida que la carga de John por los chiquillos crecía, comenzó a recibir niños sin hogar, alimentándolos, enseñándoles a leer y hablándoles del Señor. Su tienda se hizo conocida como «The Ragged School». A John se lo veía cojear por el muelle, con comida en los bolsillos, buscando más niños que atender.

Durante su vida, John Pounds rescató de la desesperanza a quinientos niños. Increíblemente, llevó a cada uno de ellos a Cristo. Además, su obra se hizo tan famosa que el «Movimiento Ragged School» se extendió por Inglaterra, y se aprobó una serie de leyes con el fin de establecer escuelas para niños pobres en honor a John. Se iniciaron hogares de niños, hogares de niñas y escuelas diurnas y nocturnas, junto con clases bíblicas en las que miles escuchaban el evangelio.

Después que John sufriera un colapso y muriera en el Año Nuevo de 1839 mientras cuidaba el pie ulcerado de un niño, fue enterrado en un cementerio en High Street. Toda Inglaterra lloró y, sobre su tumba, se erigió un monumento que decía: «Bendecido serás, porque ellos no podían recompensarte».[4]

John Pounds es un buen recordatorio de que Dios no ha terminado con nosotros solo porque nos convirtamos en seres frágiles o débiles. Así que, mientras haya luz en tus ojos y aliento en tus pulmones, busca oportunidades de ser útil en el reino de Dios.

Permanecer enfocados en el cielo

Por último, los cristianos somos personas prácticas que entendemos que finalmente iremos al cielo, lo cual será a través del valle de sombra de muerte. Puede que no nos guste la idea de la muerte, pero no nos preocupa. Recordamos que Jesús interrumpió todo funeral al que asistió y se deleitó en curar a los enfermos.

En realidad, cada historia de curación en la Biblia es una muestra de la sanidad definitiva y eterna de todas nuestras aflicciones corporales, lo cual es parte de nuestra redención a través de Cristo, por cuyas llagas somos curados.

Un antiguo puritano dijo una vez: «Cuando la enfermedad es santificada nos enseña cuatro cosas: la vanidad del mundo, la vileza del pecado, la debilidad del hombre y la preciosidad de Cristo».

Si el cielo es lo peor que puede pasarnos, no deberíamos desesperarnos ni siquiera en medio de las emergencias médicas o la pérdida de salud. Tenemos un Gran Médico cuya tumba está vacía. Tenemos un hogar celestial cuyas puertas están abiertas. Y tenemos un Salvador comprensivo que nunca imparte un espíritu de temor, sino de poder, amor y dominio propio (2 Timoteo 1:7).

Ocho

NO SE HA OLVIDADO DE TI AUNQUE TUS ORACIONES NO RECIBAN RESPUESTA

Vivimos en una época en que todo parece ocurrir más rápido constantemente, incluso el envío y la entrega de paquetes. No fue hace tanto tiempo que recibir un paquete tres días después de hacer un pedido se consideraba un envío «acelerado». Entonces llegó Amazon y revolucionó nuestras expectativas con el envío gratuito de dos días como parte de su servicio «de primera». Ahora no es ningún problema recibir entregas de muchos artículos el mismo día si vives en el lugar correcto.

Todo eso explica por qué las recientes experiencias de Elliot Berinstein son tan sorprendentes.

Berinstein, médico de la ciudad de Toronto, Canadá, se sorprendió un día al ver un paquete en el porche cuando llegó a su casa después del trabajo. No recordaba haber pedido nada y, sin duda, tampoco haber hecho ninguna compra al remitente, Well.ca, que es un sitio web canadiense de salud y belleza.

Eso fue el 6 de mayo de 2020.

Al abrir el paquete, Berinstein encontró un tubo del producto capilar Brylcreem, el cual despertó algo en su memoria. Entonces revisó la factura y se solucionó el misterio. El paquete se había completado y enviado originalmente a través del correo canadiense el 1 de agosto de 2012.

¡Su entrega había tardado ocho años en llegar!

Berinstein no tiene explicación para ese retraso extremo. Luego declaró: «Creo que es lógico que estuvo en algún rincón y luego alguien decidió enviarlo. Me pareció bastante gracioso que simplemente no lo tiraran o algo parecido [...] Me pregunto por qué lo enviaron ahora, ya que están bastante atrasados con sus paquetes actuales y demás cosas».[1]

Esa es una actitud positiva para una demora de ocho años. La mayoría de nosotros nos irritamos cuando un correo electrónico tarda demasiado en llegar, por no hablar de un paquete físico. Nos gusta más cuando las personas y las empresas siguen nuestros cronogramas preferidos sin esperas innecesarias.

Como cristianos, enfrentamos frustraciones similares cuando Dios se niega a seguir nuestra agenda en cuanto a responder nuestras oraciones. En realidad, hay pocas experiencias que nos hagan cuestionar más el cuidado de Dios que cuando nos inclinamos delante de él en oración, nos acercamos con fe genuina, le decimos nuestras sinceras peticiones y luego no escuchamos... nada. Ninguna respuesta. Nada de guía. Ninguna contestación en absoluto.

Al menos, no de inmediato.

Es obvio que nos gusta cuando Dios responde nuestras oraciones diciendo: «Sí». Siempre es una bendición recibir una respuesta de nuestro Padre celestial. Incluso cuando responde nuestras oraciones con un «No», podemos tener paz. Podemos confiar en que Dios sabe mejor las cosas y seguimos adelante.

Sin embargo, hay otras ocasiones en que Dios demora en responder nuestras oraciones por razones que solo él conoce. Cuando no recibimos ni un sí ni un no, estamos obligados a soportar nuestras circunstancias actuales mientras esperamos que finalmente llegue la respuesta de Dios.

David nos ha dado un buen ejemplo a seguir en tales momentos.

NUESTRA LUCHA CUANDO DIOS TARDA

En el capítulo 1, exploramos las circunstancias que hicieron que David escribiera Salmos 13. Había sido ungido como el futuro rey de Israel cuando era joven y había alcanzado fama nacional por haber matado al gigante Goliat. Pero después David pasó años languideciendo en el

Incluso cuando Dios responde
nuestras oraciones con un «No»,
podemos tener paz. Podemos
confiar en que Él sabe mejor
las cosas y seguimos adelante.

desierto mientras intentaba burlar y esquivar a Saúl y sus ejércitos, al tiempo que esperaba que Dios cumpliera su promesa.

En otras palabras, Salmos 13 nació de un momento en que David se sentía profundamente frustrado con la tardanza de Dios. No sorprende que las dos primeras palabras del salmo sean: «¿Hasta cuándo?».

¿No estás agradecido por los salmos que revelan los más profundos pensamientos del escritor? Dios conoce las situaciones que atravesamos, por lo que no le sorprenden nuestras súplicas. Él está listo para escuchar nuestras oraciones en nuestros momentos de angustia, tal como hizo con David.

Por tanto, exploremos juntos tres maneras en que el salmo de David refleja nuestros sentimientos cuando Dios tarda en contestar nuestras oraciones.

Nos sentimos olvidados

David clamó: «¿Hasta cuándo, oh Señor? ¿Me olvidarás para siempre?» (v. 1).

Como hemos visto a lo largo de este libro, la pregunta de David es común para los seguidores de Dios. Todos pasamos por eso en un momento u otro, sintiendo que Dios no está allí, o al menos que se ha olvidado de nosotros. Quizás incluso a veces nos preguntemos si nuestros problemas son importantes para él.

Otro salmista enfrentó esas mismas dudas en Salmos 10:1, cuando escribió: «¿Por qué, oh SEÑOR, te mantienes alejado, y te escondes en tiempos de tribulación?».

Como ves, todo el mundo tiene un punto en algún lugar en la geografía de sus almas que marca los límites de su fe. Es el punto en que la fe comienza a desmoronarse. Solo nosotros sabemos dónde está ese punto y, a menudo, lo descubrimos en tiempos de pruebas. La prueba cobra intensidad en tu vida. Intentas controlarla; oras al respecto. Pero la vida no coopera. Y a medida que los días se vuelven semanas, y las semanas se convierten en meses, y los meses incluso en años, llegas a ese punto particular en algún lugar del esquema de tu sufrimiento en que comienzas a renunciar a Dios.

Lo que realmente crees es que Dios ha renunciado a ti. Puedes incluso sentirte así en este momento. Si es así, permíteme recordarte que lo que estás contemplando es una simple imposibilidad. Dios no renuncia a ti, nunca deja de cuidar de ti y no te abandonará... ni siquiera durante la prueba que experimentas. Vuelve a recordar las conmovedoras palabras de Isaías 49:15-16: «¿Puede una mujer olvidar a su niño de pecho, sin compadecerse del hijo de sus entrañas? Aunque ella se olvidara, Yo no te olvidaré. En las palmas *de Mis manos*, te he grabado; tus muros están constantemente delante de Mí».

Tal es la preocupación de Dios por ti. Él no puede olvidarte. Cualquiera sea la tormenta que atravieses ahora, nunca has salido de la mente ni del corazón de Dios.

Dios no renuncia a ti, nunca deja de cuidar de ti y no te abandonará... ni siquiera durante la prueba que experimentas.

Nos sentimos abandonados

Sí, a veces cuando Dios se demora, nos sentimos olvidados. Pero incluso puede ser peor. A veces cuando se tarda, nos sentimos abandonados. Sigue leyendo en Salmos 13:1: «¿Hasta cuándo esconderás de mí tu rostro?».

Ahora bien, sentirte *olvidado* es una cosa, pero sentirte *abandonado* es algo completamente distinto. A veces olvidamos inocentemente a algunas personas, incluso a las que amamos y que nos importan. Eso puede suceder por el ritmo frenético de la vida. Pero el abandono es algo intencional. Es un *olvido premeditado*.

Así es como David se sentía en ese momento y sé que así te has sentido tú también: *Dios mío, ¿por qué me has abandonado?*

Puede que reconozcas esas palabras. Jesús las pronunció en su angustia en la cruz. ¿Sabes de dónde sacó esas palabras? Las citó de Salmos 22, que también fue escrito por David: «Dios mío, Dios mío, ¿por qué me has abandonado? *¿Por qué estás tan* lejos de mi salvación *y* de las palabras de mi clamor? Dios mío, de día clamo y no respondes; y de noche, pero no hay para mí reposo» (vv. 1-2).

Es útil saber que David sufrió y se sintió abandonado. Pero es transformador darte cuenta de que incluso el propio Jesús, el Señor encarnado del cielo y la tierra, experimentó las mismas emociones. ¡Imagínate! El Señor Jesucristo no solo se sintió abandonado, también *fue abandonado*. Dios le dio la espalda a Jesús porque es un Dios santo y justo que no miraría el pecado que Jesús cargó en aquella cruz: tu pecado y el mío.

Aquel que escucha tus oraciones también pasó por eso. Él sabe exactamente cómo te sientes. Sabe lo que significa ser abandonado.

La próxima vez que te sientas abandonado y levantes la voz al Dios todopoderoso, haz esto: ve a un lugar privado y dedica tiempo a reflexionar en la extraordinaria verdad de que aquel que escucha tus oraciones también pasó por eso. Él sabe exactamente cómo te sientes. Sabe lo que significa ser abandonado.

Y esta es la verdad de la que puedes depender cuando te sientas abandonado: Jesús pendió de esa cruz y Dios le dio la espalda para que nunca tuviera que darte la espalda a ti. Ese fue el precio insoportable que Jesús debió pagar porque te ama inmensamente. Te amó, murió y sufrió en esta tierra para que no fueras abandonado.

Nos sentimos frustrados

¿Te has sentido frustrado con Dios últimamente? Si somos sinceros, todos hemos tenido momentos en que hemos dicho, o hemos tenido ganas de decir: «Señor, he estado orando por esto meses, durante años, y no parece que me hayas estado escuchando».

Escucha las palabras del salmista en el segundo versículo de Salmos 13: «¿Hasta cuándo he de tomar consejo en mi alma, *teniendo* pesar en mi corazón todo el día? ¿Hasta cuándo mi enemigo se enaltecerá sobre mí?».

David estaba frustrado en ese momento por dos razones. Primera, debido a sus propias emociones. Básicamente estaba diciendo: «Todos los días paso por esto. Todos los días tengo que tratar con esta situación».

Alguien dijo que el problema con la vida es que es muy cotidiana. Cada mañana nos levantamos y enfrentamos nuestros retos, los cuales están ahí cada día, con lluvia o con sol, en verano, invierno, primavera u otoño. Sea lo que sea que afrontemos, siempre que nos levantamos y «reiniciamos» nuestras mentes, vuelven las mismas complicaciones del día anterior.

¿Has experimentado la frustración de que algo doloroso o negativo se convierta en tu compañero constante y habitual? Por supuesto, sabes qué hacer en esos momentos. Se te ha enseñado a leer tu Biblia, a orar y pasar tiempo con el pueblo de Dios. Pero ya no estás tratando con un problema; este trata ahora contigo. Tu propio «aguijón en la carne» se ha apoderado de ti y te ha metido en tal aprieto emocional que te sientes incapaz de hacer lo que debes.

Eso es lo que le ocurrió a David. Estaba frustrado por sus emociones.

David también estaba frustrado a causa de su enemigo. «¿Hasta cuándo mi enemigo se enaltecerá sobre mí?» (v. 2). Recuerda que David era el rey en turno y que esperó quince largos años entre el momento en que se le prometió el reino y en que lo recibió realmente. Gran parte de ese tiempo lo pasó lidiando con Saúl, su enemigo.

Como resultado, David estaba —en esencia— agitando el puño hacia el cielo y preguntando: «¿Hasta cuándo, Señor, me va a seguir dominando mi enemigo? ¿De qué lado te encuentras, Dios?». El Señor parecía darle todo a Saúl y David no recibía nada.

¿No te alegra que el salmo no termine allí? David pudo haber creído que no tenía salvación, pero en realidad estaba justo donde Dios quería que estuviera.

NUESTRA SÚPLICA CUANDO DIOS TARDA

Como ya mencioné, sabemos que debemos orar durante los momentos difíciles, incluso aquellos en que Dios tarda en responder nuestras oraciones. Así que veamos más de cerca las peticiones de David en este salmo.

En su desesperación, David hizo tres oraciones en Salmos 13:3. Primero declaró: «Considera». La palabra realmente significa: «Señor, vuélvete hacia mí, fíjate en mí». Lo que David quería decir era: «Señor, ya no me des más la espalda. ¡Voltéate y obsérvame!».

La segunda oración de David es: «Respóndeme». Estaba suplicándole a Dios que le contestara sus preguntas. «Señor, escucha por favor lo que te digo».

Luego viene esta tercera petición muy curiosa. David manifestó: «Ilumina mis ojos». Cuando leí esta oración por primera vez comprendí que David estaba pidiéndole al Señor que le diera el discernimiento que podría faltarle, que le «iluminara» el entendimiento. Pero ese no es el significado de la frase. Lo que significa es lo siguiente. David quiso decir: «Señor, devuelve la luz a mis ojos». ¿No es eso algo interesante que decir en nuestras oraciones? *Devuelve la luz a mis ojos.*

«Oh, Señor, no tengo esperanza.
Por favor, considérame, por
piedad respóndeme y, oh Dios,
devuelve la luz a mis ojos».

Es fácil detectar a una persona que padece depresión. Su rostro revela su estado mental. La depresión le transforma el semblante en una máscara vacía y rígida. Más que nada, la luz en los ojos de la persona se extingue. Así es como David se encontraba, por lo que oró: «Oh, Señor, no tengo esperanza. Por favor, *considérame*, por piedad *respóndeme* y, oh Dios, devuelve la luz a mis ojos».

¡Qué oración más conmovedora!

Ahora bien, observa que David no estaba orando a una versión vaga o generalizada de Dios. Al contrario, utilizó dos nombres específicos para Dios en ese solo versículo: «Señor [Jehová] y Dios [Elohim] mío, mírame y respóndeme; ilumina mis ojos» (Salmos 13:3).

Jehová refleja las promesas de Dios; *Elohim* refleja el poder de Dios. De modo que David estaba expresando: «Oh Dios de poder y promesa, apelo a ti».

En ese momento de transformación, creo que la mente de David recordó la promesa que se le había dado: que sería rey. Creo que tuvo un resurgimiento de la fe en que se sentaría en el trono de Israel. Dios le había prometido algo y, a pesar de todo lo que le había sucedido, eso significaba algo para David. De repente su corazón comprendió y recuperó la convicción de que el Dios que promete es el mismo que es suficientemente poderoso para respaldar sus promesas.

En otras palabras, la fe de David se recuperó y reafirmó.

Cuando enfrento retos inesperados, a menudo pienso en Jeremías 20:11: «El Señor está conmigo como campeón temible; por tanto, mis perseguidores tropezarán y no prevalecerán. Quedarán muy avergonzados, pues no triunfaron, *tendrán* afrenta perpetua que nunca será olvidada».

Hay una promesa similar en Salmos 138: «Aunque yo ande en medio de la angustia, Tú me vivificarás; extenderás Tu mano contra la ira de mis enemigos, y Tu diestra me salvará. El SEÑOR cumplirá Su propósito en mí; eterna, oh SEÑOR, es Tu misericordia; no abandones las obras de Tus manos» (vv. 7-8).

Podemos encontrar una tremenda esperanza victoriosa y definitiva incluso en los abismos más profundos de la vida. Pero no se trata de un proceso sencillo. No existe una fórmula práctica y garantizada para hallar esperanza en medio del sufrimiento. Se necesita humildad absoluta y total, así como una oración genuina y desgarradoramente sincera.

Debemos llegar al punto en que nos oigamos exclamar: «Señor Dios, mi vida está devastada. He sido víctima de mis emociones y estoy abrumado por mis problemas. La vida me ha lanzado todo lo que ha podido y me he derrumbado. No he experimentado ninguna victoria; no te he honrado. Estoy a punto de rendirme. No obstante, Señor Dios, en medio de todo esto, ayúdame a ver y conocer a mi poderoso y asombroso *Jehová Elohim*».

NUESTRO CÁNTICO CUANDO DIOS TARDA

Hay una progresión triple en este salmo que pasa de las lágrimas al triunfo. Justo en el centro se encuentra la verdad absoluta que lo cambia todo. Esa verdad es que *Jehová Elohim*, Dios todopoderoso, tiene el control. No extraña, entonces, que David ¡empiece a entonar un canto de júbilo!

Observa que la canción de David es de triunfo. En Salmos 13:5-6 escribió: «Pero yo en Tu misericordia he confiado; mi corazón se regocijará en Tu salvación. Cantaré al SEÑOR, porque me ha llenado de bienes».

¿Cómo alcanzó David ese punto de triunfo? Comenzó a ver a Dios.

Nuestros problemas pueden hacer que evitemos los lugares en que es más probable que veamos a Dios. ¿Has notado eso alguna vez? Siempre me desconcierta que las personas que tienen problemas se alejen de la iglesia. Aunque pueden ser fuertes baluartes de la comunidad de creyentes, desaparecen cuando surgen dificultades.

He aquí la verdad: Si experimentas problemas, ¡levántate temprano y asiste a las dos reuniones! Cuando enfrentes un momento de angustia o de sufrimiento, un tiempo en el que las respuestas de Dios a tus oraciones se demoran, necesitas toda la iglesia que puedas.

Nuestra fe no es un lujo destinado a períodos tranquilos. Tampoco lo es nuestra camaradería. Cuando surgen los problemas es que es

Del único de cuya opinión debes desentenderte durante los momentos difíciles es del diablo, no de la iglesia.

maravilloso formar parte de un cuerpo fiel de creyentes en la Biblia que estén contigo y te ayuden. Orarán por ti y te apoyarán con sus recursos, te animarán y te aconsejarán. Del único de cuya opinión debes desentenderte durante los momentos difíciles es del diablo, no de la iglesia.

Nuestro cántico debe ser de triunfo y también debe ser una canción de acción de gracias. David escribió en el versículo 6: «Cantaré al Señor, porque me ha llenado de bienes».

Amigo mío, si quieres mantenerte saludable como cristiano, debes recordar lo que Dios hizo por ti en el pasado. El diablo trata de minimizar todo lo que Dios ha hecho por ti y de maximizar tus problemas. No permitas que haga eso. Cuando te sientas solo y desalentado, debes recordar la bondad de Dios.

Un día escribí la siguiente frase en mi Biblia: «No olvides pulir tus monumentos». Es decir, no olvides pulir los monumentos victoriosos de tu vida. Esa es la razón más maravillosa para llevar un diario. David consultó el diario que llevaba en su mente acerca de cómo había tratado con su Señor, por lo que exclamó: «¡El Señor ha sido bueno conmigo!».

Qué terrible es quedar atrapado en los limitados muros del presente. Lo triste es que ese es a menudo nuestro primer impulso. El peligro claro y presente es tan extraordinario en nuestra mente que bloquea nuestros sentidos a fin de que no veamos ni recordemos las bendiciones pasadas del Señor; además oscurece el futuro para que temamos a lo que está por venir. Necesitamos perspectiva urgentemente. No tenemos control sobre el futuro, pero podemos obtener sabiduría del pasado. Al recordar quién es Dios, y cómo ha sido fiel con nosotros en el pasado, reafirmaremos sin vacilar nuestra confianza en su capacidad para suplir las necesidades tanto de nuestra situación actual como de nuestro futuro.

Así que haz tu lista. ¿Qué ha hecho Dios por ti? Haz un inventario detallado de su fidelidad a ti y te sorprenderás de lo que ha hecho.

Salmos 28:7 lo dice así: «El SEÑOR es mi fuerza y mi escudo; en Él confía mi corazón, y soy socorrido; por tanto, mi corazón se regocija, y le daré gracias con mi cántico».

¿Te parece extraño que el salmo 13, tan lleno de miseria, concluya con una nota de triunfo, confianza y alabanza al Dios todopoderoso? En realidad, ¡no hay nada de extraño! Así es como debe funcionar la fe. Acudimos a Dios, le abrimos nuestro corazón y experimentamos una fe renovada cuando él estimula nuestra memoria y reafirma su amor por nosotros.

El mismo Dios que ha estado contigo en el pasado es aquel que estará contigo en el futuro. Él traerá la solución a su tiempo, de acuerdo a sus propósitos. Con frecuencia nos preocupamos por nuestras circunstancias, pero Dios está enfocado en nuestro carácter. En su sabiduría hay un propósito para su aparente tardanza o incluso cuando su respuesta es negativa. Él obra para nuestro mayor bien; sus propósitos están más allá de nuestra comprensión finita.

Por tanto, sigue orando. Sigue confiando. Sigue acudiendo a él aunque parezca que no ha escuchado ni respondido tu oración. Porque la verdad es que Dios no te ha olvidado. Siempre ha sido fiel a ti y la respuesta que esperas está por llegar.

Nueve

No se ha olvidado de ti aunque tus sueños mueran

Mi estado natal de California es conocido por muchas cosas: sol, encantadores paisajes, el océano, asombrosos parques naturales, innovación tecnológica, elevados impuestos, etc. Desdichadamente, en los últimos años mi Costa Oeste también ha ganado notoriedad por el alto número de incendios forestales que ocurren en nuestras temporadas secas y más allá.

Desde luego, los californianos han estado familiarizados durante décadas con los grandes incendios. En muchos sentidos, estos forman parte de la vida, al igual que los deslizamientos de tierra, los terremotos y otros desastres naturales. Sin embargo, la reciente oleada de incendios ha sido abundante, masiva y, especialmente, mortal. Esas llamaradas han consumido millones de hectáreas y han cobrado centenares de vidas.

Cuando los periodistas de noticias entrevistan sobrevivientes después de tales incendios, una frase se repite una vez tras otra: «Lo perdimos todo».

Un residente relató lo siguiente cuando los incendios forestales arrasaron la región vinícola a ochenta kilómetros al noreste de San Francisco en septiembre de 2020:

> Toda la ladera de la colina estaba en llamas, todos los árboles ardían y todo rugía como un jet [...] En ese momento comprendimos que era hora de partir. Más tarde descubrimos que nuestra casa había desaparecido. Es muy triste descubrir que todo aquello por lo que has trabajado, y todo aquello por lo que tus padres trabajaron, desaparece en un instante. Te pone a pensar. Esto te brinda un momento para darte cuenta de lo que realmente importa en la vida. Porque lo que creíamos que era importante se ha convertido ahora en cenizas.[1]

Nuestros corazones se quebrantan cuando oímos historias como esa. Es una noticia maravillosa que ese hombre y su familia hayan sobrevivido. Y la opinión que él dio de lo sucedido muestra la perspectiva correcta: «Esto te brinda un momento para darte cuenta de lo que realmente importa en la vida».

Sin embargo, esa perspectiva se obtuvo a un alto costo. Una pérdida profunda. Cuando las personas pierden sus casas y sus negocios en una forma tan rápida y dramática, implica algo más que pérdida de madera y ladrillos, fotografías y muebles, papeleo de trabajo administrativo y equipos.

Se produce la pérdida de un sueño.

¿Has experimentado una pérdida de esa clase? Quizás no la pérdida total de tu casa, pero ¿qué respecto a la pérdida de tu trabajo ideal? ¿Y qué de la pérdida de tu matrimonio de ensueño, de tu ministerio soñado o de tu jubilación soñada?

Tales pérdidas son devastadoras porque nuestros sueños son un reflejo de lo que somos: nuestras pasiones y valores, esperanzas y deseos, planes y prioridades. ¿Cómo podemos privarnos de tales sueños y no creer que Dios se ha olvidado de nosotros?

La clave para recuperarse de una pérdida profunda, especialmente la de un sueño, es *permitir* que Dios ingrese en la ecuación. Específicamente, he aquí cuatro pasos que puedes dar: Permite que Dios te consuele, que Dios te restaure, que Dios te redirija y que Dios te use.

PERMITE QUE DIOS TE CONSUELE

En primer lugar, permite que Dios te consuele. En una época de pérdida, nuestra mayor necesidad es consuelo inmediato y eficaz.

Cuando Job sufrió la pérdida de todo lo que tenía, sus tres amigos llegaron «a expresarle [...] sus condolencias y consuelo» (Job 2:11). Fracasaron en su tarea, porque trataron de consolarlo con «respuestas [...] *llenas de* falsedad» (21:34). Job finalmente exclamó disgustado: «¡Valiente consuelo el de todos ustedes!» (16:2). Por último, solo Dios pudo consolarlo al enseñarle valiosas lecciones, profundizar su fe y restaurarle las cosas que había perdido.

El salmista expresó su alabanza en Salmos 71 por tener un Dios de quien afirmó que «vuelve a consolarme» (v. 21). También declaró en Salmos 94:19: «Cuando mis inquietudes se multiplican dentro de mí, tus consuelos deleitan mi alma». En Salmos 119:50 leemos: «Este es mi consuelo en la aflicción: Que Tu palabra me ha vivificado».

El Señor declaró en Isaías 51:12, refiriéndose a los exiliados y refugiados que habían perdido no solo sus casas sino también su propia nación: «Yo, yo soy su consolador».

Al Espíritu Santo se le llama el Consolador en el Evangelio de Juan. Y el apóstol Pablo describió a nuestro Señor como el «Dios de toda consolación» y como aquel «que consuela a los deprimidos» (2 Corintios 1:3; 7:6). Por esto es por lo que la Biblia nos ordena: «Confórtense» (2 Corintios 13:11).

Si te encuentras angustiado por algo que has perdido, este podría ser un buen momento para ir a la concordancia en la parte posterior de tu Biblia (o en línea) y buscar todas las referencias bíblicas a la palabra *consuelo*. Si debido a nuestra pérdida descubrimos el

Si debido a nuestra pérdida descubrimos el ministerio consolador del Dios de toda consolación, obtendremos un gran tesoro.

ministerio consolador del Dios de toda consolación, obtendremos un gran tesoro.

La razón por la que Dios es un consuelo en tiempos de pérdida es que él es «lo único» que no podemos perder. La luz de esperanza en medio de la oscuridad de la pérdida es lo que permite que recordemos, quizás incluso nos obliga, a recordar que solo Dios estará siempre con nosotros. Él ha prometido que nunca nos dejará ni nos desamparará (Hebreos 13:5).

PERMITE QUE DIOS TE RESTAURE

En segundo lugar, permite que Dios te restaure. En el libro escrito por el antiguo profeta Joel, el Señor le dijo a la gente que había perdido sus cosechas: «Los compensaré por los años en que devoraban la langosta, el pulgón, el saltón y la oruga [...] Tendrán mucho que comer y se saciarán, y alabarán el nombre del Señor su Dios, que ha obrado maravillosamente con ustedes» (Joel 2:25-26).

A menudo descubrimos que los tiempos de gran pérdida también lo son de grandes lecciones aprendidas... si solo perseveramos por fe.

William Carey, el padre de las misiones modernas, quería traducir la Biblia a tantas lenguas indias como fuera posible. Por eso estableció una gran imprenta en Serampore, donde se realizaba la obra de traducción. Carey había salido de Serampore el 11 de marzo de 1812, pero su socio —William Ward— siguió trabajando hasta tarde. De repente, a Ward se le hizo un nudo en la garganta y olió a humo. Se levantó de un salto para descubrir las nubes que salían de la imprenta. Gritó pidiendo ayuda, y hasta las dos de la mañana, los empleados le pasaron agua desde un río cercano.

No sirvió de nada. Todo quedó destruido.

El 12 de marzo, el misionero Joshua Marshman entró al salón de clases en Calcuta —donde Carey enseñaba— y le informó: «No se me ocurre una manera fácil de darte la noticia. La imprenta se redujo a cenizas anoche». Había desaparecido el enorme diccionario políglota de Carey, dos libros de gramática y versiones completas de la Biblia. Se perdieron juegos de tipos para catorce lenguas orientales, mil doscientas resmas de papel, cincuenta y cinco mil hojas impresas y treinta páginas de su diccionario bengalí. Su biblioteca desapareció por completo.

«El trabajo de años se esfumó en un instante», susurró Carey.

Dedicó poco tiempo a llorar. Luego escribió: «La pérdida es grande, pero al igual que recorrer una carretera la segunda vez, por lo general se hace con mayor facilidad y seguridad que la primera vez, confío en que el trabajo no perderá nada del valor real. No estamos desanimados; en realidad, el trabajo ya comenzó de nuevo en todos los idiomas. Estamos abatidos pero no desesperados».

Cuando la noticia del incendio llegó a Inglaterra, aquello catapultó a Carey a la fama instantánea. Se recaudaron miles de libras para su

«Estamos abatidos pero
no desesperados».

obra y se ofrecieron voluntarios para ayudar. La empresa fue reconstruida y ampliada. Para 1832, la imprenta había publicado Biblias completas, Nuevos Testamentos, o libros separados de las Escrituras en cuarenta y cuatro idiomas y dialectos.

El secreto del éxito de Carey estaba en su resiliencia. En cierta ocasión escribió: «Hay graves dificultades por todas partes y se avecinan más. Por tanto, debemos seguir adelante».[2]

Lo mismo es cierto cuando sufrimos una pérdida, incluso la de nuestros sueños. No hay lugar para la autocompasión en el corazón de los hijos de Dios. No hay espacio para la amargura o la ira. Cuando un sueño se pierde, debemos tomar la decisión de seguir adelante y servir a nuestro Rey en cualquier dirección que nos lleve.

Sin embargo, ¿cómo determinamos esa dirección?

PERMITE QUE DIOS TE REDIRIJA

Hay una interesante historia en el Evangelio de Lucas sobre Jesús curando a un hombre poseído por muchos demonios, tantos que se hacían llamar «Legión». Ese hombre era conocido en toda su comunidad porque los demonios lo llevaban a comportamientos extremos. Lucas escribió: «Este hombre no se vestía; tampoco vivía en una casa, sino en los sepulcros» (Lucas 8:27). Además, «aunque le sujetaban los pies y las manos con cadenas y lo mantenían bajo custodia, rompía las cadenas y el demonio lo arrastraba a lugares solitarios» (v. 29).

El individuo experimentó una sanidad milagrosa cuando se encontró con Jesús. El Hijo de Dios reprendió los demonios y les ordenó que salieran del hombre, pero les permitió habitar en una piara de cerdos que estaba cerca. De inmediato, los cerdos se lanzaron al mar y se ahogaron.

Como se podría esperar, el sujeto quiso seguir a Jesús después de tan extraordinaria sanidad. Quería convertirse en uno de los discípulos de Cristo y viajar con él.

No obstante, lo que tal vez no esperes es la respuesta de Jesús: «El hombre de quien habían salido los demonios le rogaba que le permitiera estar con Él; pero Jesús lo despidió, diciendo: "Vuelve a tu casa, y cuenta cuán grandes cosas Dios ha hecho por ti". Y él se fue, proclamando por toda la ciudad cuán grandes cosas Jesús había hecho por él» (vv. 38-39).

En muchos sentidos, ese hombre tuvo un sueño, uno de corta duración, sí, pero aun así un deseo intenso. Había encontrado a aquel que tenía el poder para liberarlo de sus demonios. Lo que más anhelaba era convertirse en seguidor de Jesús.

Al conocer los evangelios, esperaríamos que Jesús considerara tal sueño. Después de todo, este es el mismo Salvador que llamó a personas de todo tipo de antecedentes y circunstancias a unírsele, aprender de él y convertirse en contribuyentes en su reino. Se trata del mismo

Jesús no rechazó al
exendemoniado. Lo redirigió.

Mesías que declaró: «Pidan al Señor de la cosecha que envíe obreros a Su cosecha» (Mateo 9:38).

¿Por qué entonces rechazó Jesús a esa persona? ¿Por qué rechazó el ofrecimiento de convertirse en un discípulo?

La respuesta es que Jesús no *rechazó* al exendemoniado. Lo *redirigió*. El hombre quería seguir a Cristo viajando con él, pero Cristo tenía un plan diferente: «Vuelve a tu casa, y cuenta cuán grandes cosas Dios ha hecho por ti». En resumen, Jesús convirtió a ese hombre en un evangelista más que en un aprendiz.

He aquí una verdad que tal vez no nos guste, pero no deja de ser verdad: a veces nuestros sueños mueren porque no eran los correctos, no eran los sueños que Dios tiene para nosotros. A veces Dios cierra la puerta a nuestros deseos más profundos y nuestras esperanzas más brillantes.

Cuando eso sucede, nuestra labor es abandonar tales sueños y —en su lugar— aceptar cualquier nueva dirección que Dios tenga para nosotros. Porque nuestro objetivo final no es cumplir nuestro sueño definitivo, sino ser útiles en el reino de Dios.

PERMITE QUE DIOS TE UTILICE

Por último, en los tiempos de pérdida surge una oportunidad en la que podemos volvernos más útiles para otras personas. El libro de

2 Corintios, en el que Pablo describió las dificultades de su obra, empieza con estas palabras: «Que Dios nuestro padre y el Señor Jesucristo les concedan gracia y paz. Alabado sea el Dios y Padre de nuestro Señor Jesucristo, Padre misericordioso y Dios de toda consolación, quien nos consuela en todas nuestras tribulaciones para que, con el mismo consuelo que de Dios hemos recibido, también nosotros podamos consolar a todos los que sufren» (2 Corintios 1:2-4).

Richard Wurmbrand es un buen ejemplo de alguien que sufrió dificultades en su trabajo. En su libro *Torturado por Cristo*, cuenta que entraba y salía de las prisiones comunistas debido a la persecución. A pesar de la pérdida de posesiones y de la libertad, el principio de diezmar estaba tan asimilado en su corazón y en los de sus compañeros de prisión que cuando recibían una rebanada de pan cada semana y sopa sucia todos los días, diezmaban fielmente de ello. Cada diez semanas tomaban su rebanada de pan y se la daban a sus compañeros de prisión en el nombre de Jesús.[3]

Wurmbrand entendía el valor de ser usado por Dios.

Nosotros también debemos entenderlo.

Cuando el desastre golpea, podemos lamentarnos por la pérdida de las cosas que antes apreciábamos y, especialmente, por la pérdida de los sueños que esperábamos materializar. Eso es natural. Pero después de reflexionar y orar con más profundidad, finalmente nos damos cuenta de que no podemos llevar al cielo ninguna de esas cosas; todo eso perecerá en la conflagración final.

Sin embargo, el Dios de la consolación fortalece nuestro corazón, satisface nuestras necesidades y nos utiliza para su gloria. Al saber esto, podemos fortalecernos en su paz, su provisión, su presencia y sus promesas.

Él es el Dios de toda consolación, por lo que nunca olvidará sus planes y sueños para tu vida.

Diez

QUÉ HACER CUANDO TE
SIENTAS OLVIDADO

Fue una historia que conmovió al mundo durante semanas. El 23 de junio de 2018, un entrenador de fútbol juvenil llevó a los doce miembros de su equipo a un sistema de cavernas en la provincia Chiang Rai de Tailandia. Vio esa travesía como un ejercicio de formación del equipo. Como una excursión divertida.

Por desgracia, una tormenta desató niveles monzónicos de lluvia dentro de las cuevas mientras los chicos pasaban una hora explorando el interior. Cuando el entrenador trató de sacarlos, descubrió que gran cantidad de las cuevas se habían inundado. Eran infranqueables, aunque el entrenador intentó varias veces salir nadando.

Pronto la realidad golpeó con todas las fuerzas: el entrenador y su joven equipo estaban atrapados.

Por dicha, varios de los chicos habían dejado sus bicicletas fuera de la entrada de las cuevas. Cuando algunos de sus padres se pusieron en contacto con las autoridades para informar la desaparición de sus hijos, los funcionarios del parque encontraron las bicicletas y pudieron determinar lo que había sucedido.

Aun así, el sistema de cavernas tiene varios kilómetros de largo, por lo que las lluvias torrenciales seguían llenando de agua los túneles. Los socorristas no tenían idea de dónde buscar al equipo de fútbol, ni tenían confirmación alguna de que el entrenador y los chicos aún estuvieran vivos. ¿Se habrían ahogado en la inundación? Si estaban vivos, ¿tendrían acceso a suficiente oxígeno para un intento de rescate? ¿Dispondrían de alguna clase de comida?

Los socorristas tardaron nueve días en contactar a los niños y su entrenador. ¡Nueve días! Increíblemente, todos seguían vivos, aunque muchos en malas condiciones. Los trabajadores pudieron proveer alimentos y oxígeno adicional, pero el rescate seguía siendo una tarea difícil, en gran parte porque la mayoría de los chicos no sabía nadar.

Al final se necesitaron ocho días más para prepararse y realizar el intento de rescate. Los niños fueron llevados uno por uno a través de la red de cuevas acompañados por buzos profesionales del equivalente tailandés a las Fuerzas Especiales de Operaciones de la Marina Estadounidense. Los doce chicos sobrevivieron, al igual que su entrenador.

Habían entrado a las cavernas con una sola linterna, algunas pilas y unos cuantos bocadillos para toda la tarde. En total pasaron diecisiete largos días en esas grutas.[1]

¿Te imaginas esos primeros nueve días? Debido a la subida de las aguas, el entrenador llevó a sus pupilos a una saliente, donde se vieron obligados a amontonarse mientras esperaban ser rescatados. Sin embargo, ¿qué esperanza tenían?

Imagina cómo debieron sentirse en esa saliente rodeados de oscuridad y un silencio profundo que ninguno de ellos había experimentado antes. No escuchaban ninguno de los sonidos conocidos de su ciudad: vehículos transitando por las calles, camiones de reparto tocando sus bocinas, aviones que sobrevolaban ocasionalmente. No escuchaban las voces de sus padres. Tampoco sus canciones ni sus programas favoritos de televisión. No oían las risas ni las charlas de sus amigos de la escuela. No escuchaban ningún sonido que no fuera el goteo del agua o el sollozo ocasional de un compañero de equipo.

Los niños no tenían manera de saber si alguien estaba buscándolos. A medida que los días pasaban, sin duda debieron sentirse completamente olvidados.

RECORDAR LA REALIDAD DE DIOS

Desde luego, la realidad es que nada pudo haber estado más lejos de la verdad. ¡Los niños en esa cueva estaban lejos de ser olvidados!

Durante días, la noticia de la grave situación de los chicos y su entrenador capturó los corazones y la imaginación de personas de todo el mundo. Fueron la historia principal no solo en las estaciones noticiosas de Tailandia, sino en cada estación de noticias en casi todos los países. Los líderes mundiales prestaron atención, incluso el presidente de los Estados Unidos y los jefes de estado de toda Europa. Se destinaron recursos y con premura se mandaron para ayudar a los niños. Celebridades, desde John Legend hasta Elon Musk crearon conciencia y brindaron ayuda.

Y cuando se supo que habían localizado vivos a los pequeños ese noveno día, todo el mundo estalló de alegría.

Hay una lección para nosotros en esta historia, si estamos dispuestos a verla. Los chicos se sintieron aislados y completamente solos en esa cueva oscura; parecía como si nadie se diera cuenta de su sufrimiento. En realidad, más personas de las que pudieron haber imaginado estaban alentándolos, orando por ellos y esforzándose por superar obstáculo tras obstáculo con el fin de rescatarlos.

¿Qué podemos hacer cuando sentimos que Dios se ha olvidado por completo de nosotros? En primer lugar, podemos recordar la realidad de quien él es y de lo que ha hecho por nosotros. A fin de lograr eso, podría ser necesario diferenciar entre los sentimientos y la *verdad*.

Ahora bien, no quiero dar la impresión de que los sentimientos no sean importantes. Lo son. Tampoco estoy sugiriendo que los sentimientos no son reales. Son muy reales, por eso es por lo que pueden afectarnos tan profundamente.

Lo que afirmo es que puede haber una desconexión entre nuestros sentimientos y la realidad de nuestra situación.

Por ejemplo, según hemos visto a lo largo de este libro, es común que las personas sientan que Dios se ha olvidado de ellas. Tú y yo nos hemos sentido así a veces, y es posible que nos sintamos así en el futuro. Es parte de la vida. No solo eso, la Palabra de Dios habla de hombres y mujeres que se sintieron así: Moisés, David, Jeremías, Ana, Job, los apóstoles, etc. Incluso Jesús exclamó en la cruz: «Dios Mío, Dios Mío, ¿por qué me has abandonado?» (Mateo 27:46).

Tales sentimientos son verdaderos. Importan. Influyen no solo en nuestros pensamientos, sino también en nuestras acciones. Y pueden causarnos un dolor real y duradero si permitimos que se apoderen de nosotros.

Pero esos sentimientos no reflejan la realidad, porque Dios no puede olvidarnos. Le es imposible hacer eso debido a su naturaleza, debido a lo que él es. Dios sabe todas las cosas y, como hemos visto

Dios no puede olvidarnos. Le es imposible hacer eso debido a su naturaleza, debido a quien él es.

en nueve capítulos, dedica atención especial a vigilarnos y guiarnos activamente en cada momento de nuestras vidas.

La realidad es que Dios *nunca* nos olvida. No se olvida de nosotros.

He aquí algunos pasos útiles que puedes dar cuando tus sentimientos entren en conflicto con esa realidad.

- *Identifica tus sentimientos*. Uno de los aspectos más difíciles acerca de separar nuestros sentimientos de la realidad es que nuestro pensamiento a menudo se ve afectado por ellos. Por tanto, una de las primeras cosas que podemos hacer cuando parezca que Dios se ha olvidado de nosotros es identificar lo que sentimos. Pregúntate: *¿Qué estoy sintiendo específicamente? ¿Estoy enojado? ¿Me siento frustrado? ¿Solo? ¿Dolido? ¿Agotado? ¿Ansioso? ¿Amargado? ¿Aburrido?*
- *Expresa tus sentimientos a Dios*. Una vez que identificas tus sentimientos y reconoces cómo afectan tus emociones, entrégaselos a Dios a través de la oración. Háblale de tus sentimientos. Sé específico, y no te contengas. Sé totalmente sincero. Sacar tales sentimientos de tu pecho es un paso importante hacia la sanidad emocional y espiritual al entregar tus preocupaciones a Dios. «Echa sobre el Señor tu carga, y Él te sustentará» (Salmos 55:22).
- *Expresa tus sentimientos a otras personas*. Hablar con otros sobre tus sentimientos es otro paso útil cuando parece que Dios

se ha olvidado de ti. Desde luego, recomiendo hablar con personas que conozcas y en las que confíes, que conozcan la Palabra de Dios y que sean espiritualmente maduras. Sé franco respecto a tus sentimientos, luego dale a tu consejero la oportunidad de ofrecerte la orientación y el cuidado que puedes recibir de la Palabra de Dios. Así lo declaran las Escrituras: «Lleven los unos las cargas de los otros, y cumplan así la ley de Cristo» (Gálatas 6:2).

- *Identifica lo que sabes que es verdad.* Los sentimientos negativos a menudo nos abruman en base a algo que «creemos» que es cierto, o algo que «podría» ser cierto, como la idea de que a Dios no le importa lo que nos aqueja. Tales especulaciones no ayudan mucho. Lo útil es identificar lo que *sabes* que es verdad respecto a cualquier situación que te haga sentir abandonado. Por ejemplo: *¿Qué sé que es verdadero acerca del carácter de Dios? ¿Cuáles son los hechos en mis circunstancias actuales?*

- *Expresa lo que es cierto tanto a Dios como a otras personas.* Estar consciente de lo que es verdadero es importante, pero hablar de esa realidad en oración o en conversación con otras personas es clave para separar los sentimientos de la realidad. Haz el esfuerzo de expresar verbalmente lo que es verdad y esta se arraigará en tu mente y en tu corazón.

REFLEJAR LA LUZ DE DIOS

Durante la cobertura noticiosa de la crisis en Tailandia, recuerdo cuánto énfasis ponían los periodistas en la carencia que los niños sufrían de comida, resguardo, mantas y otros suministros. Y por supuesto que tenían derecho de preocuparse por tales necesidades, ya que el equipo de fútbol y su entrenador se hallaban en una situación desesperada.

Sin embargo, yo me centré en otro aspecto trágico de la situación de los chicos y su entrenador: la falta de luz.

Si alguna vez has estado en una cueva de cualquier tamaño, es probable que hayas apagado tu linterna en algún momento solo para ver qué pasaba. Es difícil imaginar cómo se siente esa oscuridad impenetrable hasta que la experimentas. No hay palabras para describir la sensación de abrir tus ojos todo lo que puedas, colocar tu mano directamente frente a tu rostro y no ver absolutamente nada. Pero aquellos niños en esa cueva soportaron esa realidad durante nueve días completos. Nada más que oscuridad. Ausencia total de luz.

Hay momentos, en nuestras vidas, en que nos sentimos rodeados de oscuridad emocional o espiritual. Las circunstancias pueden llegar a ser tan sombrías que nos sentimos cubiertos por ellas, lo cual es una de las razones principales de que a menudo sintamos que se han olvidado de nosotros. Cuando no podemos «ver» a Dios o encontrar su mano debido a los sucesos en nuestra vida, es fácil creer que a él ya no le importamos.

Por estas y otras razones quiero ofrecer dos verdades que debes recordar durante esas temporadas de oscuridad.

Jesús es la luz del mundo

Jesús enseñaba un día en el templo cuando fue interrumpido de una forma peculiar: «Los escribas y los fariseos trajeron a una mujer sorprendida en adulterio, y poniéndola en medio, dijeron a Jesús: "Maestro, esta mujer ha sido sorprendida en el acto mismo del adulterio. Y en la ley, Moisés nos ordenó apedrear a esta clase de mujeres. ¿Tú, pues, qué dices?"» (Juan 8:3-5).

En primer lugar, ¿te imaginas a alguien intentando algo tan vil en la actualidad? ¿Te imaginas a un pastor dando un mensaje el domingo por la mañana y que varios ancianos de la iglesia irrumpan por las puertas y hagan esta clase de acusaciones frente a la congregación?

Las acciones de los fariseos y de los otros líderes religiosos revelan lo desesperados que estaban por detener el ímpetu de Jesús y recuperar sus anteriores niveles de autoridad y respeto. En ese momento creyeron que habían atrapado a Jesús entre la espada y la pared. Solamente las autoridades romanas podían dar muerte a alguien en esa época en Jerusalén, por lo que pudieron haber arrestado a Jesús si hubiera intentado hacer cumplir la ley de Moisés sugiriendo que se apedreara a la mujer. Pero si Jesús recomendaba desobedecer las leyes de su pueblo, los religiosos creyeron que perdería el respeto de la multitud.

Es probable que conozcas el resto de la historia. Jesús pasó algún tiempo dibujando en la arena, permitiendo que la tensión aumentara mientras los fariseos seguían acribillándolo con preguntas. Después avergonzó a quienes intentaban avergonzarlo: «El que de ustedes esté sin pecado, sea *el* primero en tirarle una piedra» (v. 7).

Incómodos por su propia hipocresía, los instigadores se fueron. Jesús se volvió hacia la mujer y le dijo: «Yo tampoco te condeno. Vete; y desde ahora no peques más» (v. 11). La historia sirve como una demostración conocida y muy amada de la gracia de Dios.

Sin embargo, fíjate en lo que sucedió después. El siguiente versículo informa que Jesús se volvió hacia la multitud y reanudó su enseñanza ofreciendo esta verdad: «Yo soy la Luz del mundo; el que me sigue no andará en tinieblas, sino que tendrá la Luz de la vida» (v. 12).

Me cuesta imaginar lo tenebroso que debió haber sido ese momento para la mujer que Jesús rescató. Sí, ella había tomado la decisión de pecar, pero luego fue acosada por extraños y arrastrada ante la vista del público, probablemente sin ropa que la protegiera. (Observa que el hombre no fue arrastrado junto con ella). Después la mujer fue lanzada frente a todos en el templo y amenazada con ser apedreada, una forma realmente espantosa de pena capital. Y entonces, envuelta en su vergüenza y su humillación, fue obligada a mirar a los ojos de Cristo.

La mujer encontró bondad en esos ojos. Perdón. Gracia. Y en ese momento se desvaneció la tenebrosidad.

Jesús, la Luz del mundo, irrumpió y le ofreció esperanza.

Él hace lo mismo por ti y por mí. Sí, vendrán tiempos tenebrosos. Soportaremos épocas en que *parecerá* como si nada va bien y en que nos sentiremos oprimidos por todas partes. Pero si nos acercamos a Cristo en tales momentos, experimentaremos su luz.

¿Cómo podemos hacer que eso suceda? He aquí algunas maneras prácticas de buscar a Cristo y aumentar tu confianza en él aunque la oscuridad se sienta impenetrable.

- *Memoriza versículos de la Palabra de Dios.* Si hay algo que he aprendido de todas mis décadas de ministerio, es que la Biblia no es un libro cualquiera. La Biblia tiene vida, «es viva y eficaz», como lo afirma Hebreos 4:12. La Palabra de Dios representa un papel fundamental en nuestras vidas, pero depende de nosotros exponernos y someternos a esa Palabra. La mejor forma de lograrlo es memorizar las Escrituras; específicamente, podemos memorizar versículos que ofrecen una solución directa a nuestras áreas de necesidad. Por ejemplo, aquí tenemos algunos pasajes específicos de las Escrituras que debes aprender de memoria para que tengas acceso a ellos cuando parezca que Dios se ha olvidado de ti:

¿Puede una mujer olvidar a su niño de pecho, sin compadecerse del hijo de sus entrañas? Aunque ella se olvidara, Yo no te olvidaré. (Isaías 49:15)

Mi Dios proveerá a todas sus necesidades, conforme a sus riquezas en gloria en Cristo Jesús. (Filipenses 4:19)

Sean firmes y valientes, no teman ni se aterroricen ante ellos, porque el Señor tu Dios es el que va contigo; no te dejará ni te desamparará. (Deuteronomio 31:6)

Echa sobre el Señor tu carga, y Él te sustentará; Él nunca permitirá que el justo sea sacudido. (Salmos 55:22)

- *Escribe versículos de la Palabra de Dios.* La memorización es una disciplina fundamental para los seguidores de Cristo, pero también es útil visualizar la Palabra de Dios para que podamos verla con regularidad. Un modo de lograr esto es escribir a mano versículos de las Escrituras que tengan una utilidad especial para tu vida en tu momento actual y luego colocar esos versículos en lugares donde los veas a lo largo del día: el espejo del baño, tu auto, la mesa de la cocina, el marco de la puerta de entrada, etc.

- *Lleva un diario de oración*. Cuando te encuentras en una temporada espiritualmente sombría, nada deja entrar mejor la Luz que revisar las muchas maneras en que Dios ha sido fiel contigo en el pasado. Sin embargo, eso es difícil de hacer si no llevas un registro de la fidelidad del Señor. Por eso recomiendo que los seguidores de Cristo lleven un registro de sus oraciones. Simplemente registra lo que oras cada día. Entonces, cuando Dios responda tus oraciones, anota también la respuesta. Esto te dará un registro tangible de la luz continua de Dios en tu vida.

Eres la luz del mundo

El Sermón del Monte es la prédica más famosa y apreciada que se ha mencionado alguna vez. Registradas en Mateo 5—7, las enseñanzas de Jesús en ese momento han resonado durante siglos como una expresión primordial y fundamental de la vida cristiana.

Un elemento de esas enseñanzas podría parecer interesante, incluso extraño, dado lo que acabamos de leer en las páginas anteriores:

«Ustedes son la luz del mundo. Una ciudad situada sobre un monte no se puede ocultar; ni se enciende una lámpara y se pone debajo de una vasija, sino sobre el candelero, y alumbra a todos los que están en la casa. Así brille la luz de ustedes delante de los hombres, para que vean sus buenas acciones y glorifiquen a su Padre que está en los cielos». (Mateo 5:14-16).

Jesús fue muy específico en su lenguaje: «*Ustedes* son la luz del mundo». Sin embargo, ¿cómo podemos alinear esa opinión con lo que ya encontramos en Juan 8:12? En ese versículo Jesús declaró: «*Yo* soy la Luz del mundo».

¿Cuál de esas opiniones será la correcta? ¿Es Jesús la luz del mundo o somos nosotros?

La respuesta, por supuesto, es que ambas declaraciones son correctas. Jesús es la Luz del mundo, pero sus seguidores han sido imbuidos y llenos con el Espíritu Santo de Dios. De ahí que los cristianos reflejemos la luz de Jesús y sirvamos como linternas a través de las cuales el Señor irradia su luz.

No te pierdas la segunda sección de enseñanza de Jesús: «Así brille la luz de ustedes delante de los hombres, para que vean sus buenas acciones y glorifiquen a su Padre que está en los cielos». Cuando enfrentamos una época de oscuridad, cuando parece que Dios se ha olvidado de nosotros, es fácil poner la mirada en nosotros mismos. Es fácil pensar solo en nosotros.

No obstante, los seguidores de Jesús están llamados a vivir con un enfoque externo. Tenemos la tarea de hacer brillar la luz de Dios en la oscuridad de nuestro mundo, y ministrar a quienes nos rodean, que están atravesando tiempos adversos y se sienten abandonados. Tenemos un formidable papel que representar al ayudar a los demás a reconocer que Dios está obrando en el mundo, que no se ha olvidado de ellos y que tiene un plan de redención que un día les asegurará un hogar en cielo.

Eso es lo maravilloso de vivir para Cristo. Cuanto más damos de nosotros mismos, más ganamos. Cuanto más invertimos nuestros recursos (tiempo, dinero y talentos) en el reino de Dios, mayor es la cosecha tanto para el presente como para la eternidad. Y cuando elegimos activamente modelar a Jesús en nuestras vidas diarias, nuestros problemas y nuestras pruebas pierden importancia. Al tener a Jesús en el viaje de nuestra vida se nos recuerda el amor incondicional de Dios por nosotros. Se nos recuerda también que él tiene un propósito para nuestro dolor y el plan de usarnos para su gloria. Podemos confiar nuestra vida a su cuidado amoroso.

Por estas y otras razones, indicamos algunos pasos prácticos que puedes dar para servir como luz del mundo cada vez que sientas que las tinieblas te invaden.

- *Invierte tu tiempo en otras personas.* Cada iglesia que ha existido ha necesitado voluntarios para que dirijan y sirvan en sus diversos ministerios. Tu iglesia no es la excepción. Existen muchas oportunidades en este momento para que hagas dicha inversión y seas una bendición en las vidas de otros. Escoge un ministerio que corresponda con tu tiempo y tus talentos, y cúmplelo con un corazón expectante.

- *Invierte tu dinero en otros.* Sí, es importante apoyar a tu iglesia mediante tus diezmos y ofrendas usuales. Ese es el plan de Dios para la Iglesia. Pero no debemos detenernos allí, ya que también podemos influir en otras formas. He aquí un reto: Al principio del día toma una cantidad específica de dinero en efectivo, aunque solo puedas disponer de una pequeña cantidad, y colócala en tu bolsa o billetera. Luego ora así: *Señor Dios, este es tu dinero, y hoy quiero ser un recipiente de tu luz para alguien. Dame, por favor, la oportunidad de usar este dinero en una manera que bendiga a otros en tu nombre.* Después de orar, espera ver la oportunidad que Dios te brinda de bendecir a alguien. ¡Y hazlo!

- *Sigue las instrucciones de Jesús para llevar luz al mundo.* Dios no ha dejado todo a nuestra propia imaginación con relación a servir a los demás. En realidad, muchos pasajes de las Escrituras ofrecen instrucciones y mandatos específicos en cuanto a amar a nuestro prójimo como a nosotros mismos. He aquí uno muy importante expresado por Jesús mismo:

> Entonces los justos le responderán, diciendo: «Señor, ¿cuándo te vimos hambriento y te dimos de comer, o sediento y te dimos de beber? ¿Y cuándo te vimos como extranjero y te recibimos, o desnudo y te vestimos? ¿Cuándo te vimos enfermo o en la cárcel y vinimos a Ti?». El Rey les responderá:

«En verdad les digo que en cuanto lo hicieron a uno de estos hermanos Míos, aun a los más pequeños, a Mí lo hicieron». (Mateo 25:37-40).

¿Ves oportunidades en tu comunidad de alimentar a los hambrientos? Encuentra a los que tengan sed, ya sea de agua, conocimiento o cualquier otra necesidad, y dales la bebida que requieran. Ofrece ropa y otros recursos a quienes tienen poco. Ayuda a cuidar a los enfermos. Visita a los que están en la cárcel.

Cuando hagas lo que Jesús pidió a sus seguidores que hicieran, entonces harás brillar la luz del Señor no solo ante el mundo, sino también dentro de tu propia alma.

Conclusión

No te olvidó

Comenzamos este libro analizando las experiencias de David en una cueva, en que sintió como si Dios se hubiera olvidado de él y de las promesas que le había hecho. Es apropiado que terminemos estas páginas con una historia similar.

Los Salmos 57 y 142 fueron escritos mientras David se escondía de su enemigo, Saúl, dentro de una o más cuevas en el desierto que rodea Jerusalén. En ambos salmos, David derramó su corazón delante de Dios con palabras de angustia, lo cual es comprensible al venir de alguien que estaba enfrentando dificultades para aceptar lo que ocurría.

Sin embargo, David también escribió estas palabras en esas mismas cuevas oscuras:

Firme está mi corazón, oh Dios, mi corazón está firme; ¡cantaré y entonaré salmos! ¡Despierta, gloria mía! ¡Despierten, arpa y lira! ¡A la aurora despertaré! Te alabaré entre los pueblos, Señor; te cantaré alabanzas entre las naciones. Porque grande, hasta los cielos, es Tu misericordia, y hasta el firmamento Tu verdad. Exaltado seas sobre los cielos, oh Dios; sobre toda la tierra sea Tu gloria. (Salmos 57:7-11)

Aun en los profundos recovecos de una cueva, David estaba consciente de que Dios no se había olvidado de él. Por eso expresó su confianza: «Clamo al Señor con mi voz», «delante de Él expongo mi queja» y «tú conociste mi senda» (Salmos 142:1-3). Aunque David no podía ver ni su propia mano frente a su rostro debido a la oscuridad que le rodeaba, tenía la seguridad de que Dios podía verlo y escucharlo, y que lo hallaría justo ahí donde estaba.

Dios actúa en medio de nuestras tinieblas, de acuerdo con las palabras de Santiago 1:5: «Si a alguno de ustedes le falta sabiduría, que se *la* pida a Dios, quien da a todos abundantemente y sin reproche, y le será dada».

«Sin reproche» significa que a Dios no le molesta que le pidamos ayuda. Que no nos critica ni nos desaprueba; que no se desilusiona de nosotros si necesitamos su ayuda. Él nos ve; no nos ha olvidado; está listo para brindarnos la ayuda que necesitamos.

No importa dónde te encuentres ni lo que hayas experimentado en el pasado, espero que hayas aprendido que Dios *está* contigo. Puedes vivir con la seguridad absoluta de que él no se ha olvidado de ti.

Mientras vivas cada día confiando en ese conocimiento, haz brillar la luz de la bondad divina en un mundo que ahora más que nunca necesita el amor y la presencia de Dios.

Notas

Introducción

1. J. I. Packer, *Hacia el conocimiento de Dios* (Miami, FL: Unilit, en coedición con LOGOI, 1997), p. 107.
2. Packer, *Hacia el conocimiento de Dios*, p. 108.
3. Edward Hopper, «Guíame, oh Salvador», 1871, https://www .churchofjesuschrist.org/music/text/hymns/jesus-savior-pilot-me?lang =spa.

Capítulo 1. No se ha olvidado de ti

1. Ver la historia en: https://www.rtve.es/noticias/20190513/cinco-años-sentencia-pionera-para-olvidar/1936360.shtml.
2. Dr. Martyn Lloyd-Jones, *Depresión espiritual: Sus causas y su cura* (Grand Rapids, MI: Libros Desafío, 2004).
3. "U.S.S. Theodore Roosevelt", *WSFA12 News*, 19 septiembre 2001, https://www.nacionmulticultural.unam.mx/mezinal/docs/4135.pdf

Capítulo 2. No se ha olvidado de ti aunque la vida parezca incierta

1. Joe Iovino, "Shaped by Tragedy and Grace: Wesley's Rescue from Fire," United Methodist Church, 7 febrero 2017, https://www.umc. org/en/content/shaped-by-tragedy-and-grace-wesleys-rescue-from-fire.

2. Ver comentario en página 19. https://www.umc.org/en/content/shaped-by-tragedy-and-grace-wesleys-rescue-from-fire.

Capítulo 3. No se ha olvidado de ti aunque sientas ansiedad

1. Todd Archer, «Cowboys' Prescott got help for anxiety, depression during offseason», ESPN.com, 10 septiembre 2020, https://www.espn.com/nfl/story/_/id/29854487/cowboys-prescott-got-help-anxiety-depression-offseason.
2. «Managing Stress and Anxiety», Anxiety and Depression Association of America, https://adaa.org/living-with-anxiety/managing-anxiety.
3. «Causes of Anxiety», WebMD, 12 septiembre 2020, https://www.webmd.com/anxiety-panic/guide/causes-anxiety.
4. Erastus Johnson, "The Rock That Is Higher than I," 1871.

Capítulo 4. No se ha olvidado de ti aunque los tiempos cambien

1. Robert J. Morgan, *Las reglas del Mar Rojo* (Nashville, TN: Grupo Nelson, 2014).
2. Charles Henry Mackintosh, *Notes on the Pentateuch*, volume 2: Exodus (Londres: Morrish, 1858), p. 172.
3. Morgan, *Las reglas del Mar Rojo*.

Capítulo 5. No se ha olvidado de ti aunque tu familia sufra

1. Las citas y perspectivas del doctor Earl McQuay vienen de su libro *Beyond Eagles: A Father's Grief and Hope* (Columbus, GA: Grill Publications, 1987).
2. McQuay, *Beyond Eagles*.

Capítulo 6. No se ha olvidado de ti aunque estés solo

1. *Inspired Faith 365 Days a Year* (Nashville, TN: Thomas Nelson, 2012), p. 205.

2. Vance Havner, *Though I Walk Through the Valley* (Old Tappen, NJ: Fleming H. Revell Co., 1974), p. 71.
3. Christina Tsai, *Queen of the Dark Chamber* (Chicago: Moody Publishers, 1953).

Capítulo 7. No se ha olvidado de ti aunque tu salud falle

1. Daniel Jameson y Ali Wunderman, «The Most Dangerous Animals in the World», *Conde Nast Traveler*, 25 noviembre 2020, https://www.cntraveler.com/stories/2016-06-21/the-10-most-dangerous-animals-in-the-world.
2. Methodius, «Are thy toils and woes increasing», traducido por John Mason Neale (1862).
3. Citado por Robert J. Morgan, *The Promise: God Works All Things Together for Your Good* (Nashville, TN: B&H Publishing Group, 2010), p. 90.
4. Robert J. Morgan, *From This Verse* (Nashville: Thomas Nelson Publishers, 1998), entrada correspondiente al 13 de agosto.

Capítulo 8. No se ha olvidado de ti aunque tus oraciones no reciban respuesta

1. Transcripción de «Canada Post delivered this man's hair cream 8 years after he ordered it», *As It Happens*, 26 mayo 2020, https://www.cbc.ca/radio/asithappens/as-it-happens-monday-edition-1.5583557/canada-post-delivered-this-man-s-hair-cream-8-years-after-he-ordered-it-1.5585434.

Capítulo 9. No se ha olvidado de ti aunque tus sueños mueran

1. «California Wildfire Evacuee: "We Lost Everything"», *Yahoo! News*, 29 septiembre 2020, https://news.yahoo.com/california-wildfire-evacuee-lost-everything-005949007.html.

2. Robert J. Morgan, *On This Day* (Nashville: Thomas Nelson, 1997), entrada correspondiente al 12 de marzo.
3. Richard Wurmbrand, *Torturado por Cristo* (Colorado Springs, CO: David C. Cook, 2017).

Capítulo 10. Qué hacer cuando te sientas olvidado
1. Pat Ralph y James Pasley, «This timeline shows exactly how the Thai cave rescue unfolded and what's happened since», *Business Insider*, 24 junio 2019, https://www.businessinsider.com/thai-cave-rescue-timeline -how-it-unfolded-2018-7.

Acerca del autor

El doctor David Jeremiah sirve como pastor principal de Shadow Mountain Community Church en El Cajón, California. Es el fundador y anfitrión de *Momento Decisivo*, un ministerio comprometido a proporcionar a los cristianos una sana enseñanza bíblica relevante para los tiempos cambiantes de hoy a través de la radio y la televisión, internet, eventos en vivo, libros y otros materiales. Como afamado escritor, el doctor Jeremiah ha publicado más de cincuenta libros, entre ellos *Agentes de Babilonia, Agentes del Apocalipsis, Capturados por la Gracia, Viva la vida sin límites, Una vida más que maravillosa, El libro de las señales, Todo lo que necesitas, Escape de la noche que viene y Vencedores*. El compromiso del doctor Jeremiah en enseñar la Palabra de Dios completa sigue haciendo de él un orador y escritor muy solicitado. Su pasión por alcanzar a los perdidos y animar a los creyentes en su fe se demuestra por medio de la comunicación fiel de las verdades bíblicas. Es un hombre que siempre se ha dedicado a la familia. Él y su esposa Donna tienen cuatro hijos adultos y doce nietos. Contáctate con el doctor Jeremiah en Facebook (@drdavidjeremiah), Twitter (@davidjeremiah) y en su sitio web (davidjeremiah.org).

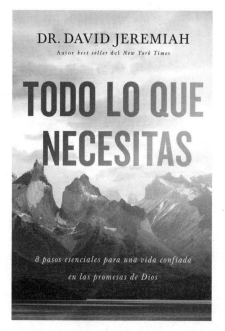

DR. DAVID JEREMIAH

Autor *best seller* del *New York Times*

TODO LO QUE NECESITAS

8 pasos esenciales para una vida confiada en las promesas de Dios

¿Buscas más confianza, propósito y paz en tu vida? ¿Te agobian las distrac-ciones y la presión de este mundo? Si te sientes abrumado, la ayuda está al alcance de tu mano, y es una ayuda que te brindará todo lo que necesitas para transitar por la vida con resiliencia y fortaleza. En *Todo lo que necesitas*, el doctor David Jeremiah, autor y apreciado maestro de la Biblia, utiliza 2 Pedro 1.3-11 para mostrarte el camino hacia la transformación espiritual y personal. Asimismo, destaca los extraordinarios recursos que Dios ya ha provisto para tu crecimiento: Su poder divino y Sus promesas maravillosas. Es hora que desempaques todo lo que Dios ya ha provisto y tomes tus próximos pasos hacia una vida confiada en Sus promesas, pues ¡ya tienes todo lo que necesitas!.